KB202782

생명책

생명책

초판 1쇄 발행 2024년 4월 25일

지은이 · 민병소

펴낸곳 · 도서출판 기빙백

주   소 · 경기도 수원시 권선구 세권로 165번길 30-16

전   화 · 010-9852-1919

이메일 · bsm314@hanmail.net

등   록 · 제251-2012-15호(2012.4.10.)

ISBN   979-11-987222-1-8(93230)

ⓒ 민병소 2024

생명책

민병소 지음

기빙백

생명책에 이름도 없이 예수 믿고 있었다!

나는 나름 예수 믿으며
열심히 살고 있는 그에게
조심스럽게 물었다.

"당신은 생명책이 도대체
무엇인지를 알고나 지금
신앙생활을 하고 있나요?"

"생, 명책이라고 했나요?"

"네......"

그는 뚱딴지 같은 질문이라고 생각했는지,
조금은 비아냥거리듯이 마지못해
대답을 하였다.

"생명책이란 소리는 들어 봤나요?"

나는 그에게 눈치를 살피면서
한번 확인해 보았다.

의외의 답변이 돌아왔다.

"한 번도 들어보지 못했어요."
"아, 그래요!"
"지금, 곰곰히 생각해보니
들어본 것 같기도 하고...."

아니 되겠다 싶어, 요한계시록 20장 15절의
말씀을 펴보이며 그의 눈 앞에다 대고
확인시켜 주었다.

"누구든지 생명책에 기록되지
못한 자는 불못에 던져지더라."

"그런데 불못은 무엇인가요?"

"네, 지옥입니다."

"지금 예수님을 그 누구보다도
열심히 믿으면서 헌신, 봉사하고
있는 데도요?"

"아, 그래요. 그 거는 사람의
생각이고, 중요한 거는 하나님의
기준에 맞아야 한답니다."

그리고는 이어서 나는 여러 가지로 보충,
설명해 주었다. 그의 듣는 태도를
이리저리 면밀히 살펴 보았다.
분명한 것은 그가 생명책에 대하여
호기심 같은 것들이 발동하고 있다는 것이었다.

"그럼, 생명책에 내 이름이
올라가 있으려면
어떻게 해야 하나요?"
"아주 간단합니다.
주님의 뜻에 합당한
신앙생활을 하면 됩니다."

그는 계속해서 물었다.

"그렇다면 지금까지 신앙생활을
한 것은 어떻게 되나요?"
"그동안에 그런 식으로
신앙생활을 하였으니, 그저
교회만 들랑 달랑해서 문턱만
더럽힌 꼴이 되었네요."
"그렇다면......."
"한 마디로 말해서 생명책에는
기록이 안 되어 있는 채로,
교회를 그냥 다닌 청강생이었던
셈이죠."

앉은 자리에서 더 이상 시간 관계상
상세히 설명할 수는 없었다.

"여기 이 책을 드릴 터이니 읽어 보세요.
모든 것이 다 설명되어 있습니다."
"이게 무슨 책인데요?"
"네, 에덴동산에서부터 지금 이 시간까지
생명책에 등재되어 있는 사람들,
앞으로 등재될 사람들에 대한 모든 것들을
밝혀놓은 책입니다."
"아! 그런 책이 있었나요?"
"네, 여기 있습니다."

그동안에 나는 내 이름을 생명책에 올려놓고 신앙생활을 하고 있었을까? 그렇지 않으면 그냥 생명책과는 전혀 상관없는 청강생 신자였을까? 이제부터는 정말 내가 구원받아서 천국에 갈 것인지, 아니면 잘못 믿어서 지옥에 갈 것인지를 진단하면서 확인해 보도록 할 것이다.

목 차

제 1 장

성경시대의 생명책

1. 구약시대의 생명책

   1) 최초로 수립된 하나님 나라의 사랑
   2) 언약된 하나님 나라의 사랑
   3) 예표된 하나님 나라의 사랑

2. 신약시대의 생명책

   1) 성취된 하나님 나라의 사랑
   2) 완성될 하나님 나라의 사랑

제 1 장 성경시대의 생명책

본 장에서는 구약시대와 신약시대로 나누어서 하나님의 점진적인 계시에 따라 진전되었던 하나님의 나라의 흐름을 살펴볼 것이다. 그런데 이 하나님의 나라에는 반드시 3대 필요 조건이 있어야 한다. 이 필요 조건은 왕과 백성 그리고 영토이다. 따라서 하나님 나라는 사랑의 나라이다.

여기에서 분명히 인지해야 할 사실은 성경 말씀 66권의 통전적 핵심 주제는 '하나님 나라의 사랑'이라는 것이다. 이 사실은 기독교의 정체성(Identity)이기도 하다. 이에 혼돈하지 말아야 할 것이 있는데, 기독교와 교회는 개념상 다르다는 점이다. 이는 교회란 기독교의 정체성을 드러내는 신적 기관으로서 하나의 도구적인 가치체제이기 때문이다.

이런 맥락에서 보건대, 교회란 기독교의 정체성인 하나님 나라의 사랑을 몸소 실천할 수 있도록 교인들에게 말씀을 선포 (설교)하고 교육하여 헌신 봉사해야 하는 공동체인 것이다. 따라서 그런 공동체에 성숙한 믿음으로 순종한 그리스도인만이 자신의 이름이 생명책에 등재된다는 사실이다. 왜냐하면 그들이야말로 하나님 나라의 백성이 될 수 있는 자격이 있기 때문이다. 두말할 필요도 없이 그 생명책에 이름이 올라가 있지 않은 사람은 지옥에 떨어진다.(계 20:15)

이렇게 생명책에 이름이 기록이 되어 있는가, 아닌가 하는 문제는 천국행인가 아니면 지옥행인가를 판가름해주는 하나님의 절대주권에 따른 것이다. 이에 성경에 등장하였던 그 많은 사람들 중에서 정말 누가 천국에 가고 지옥에 갔는가를 확인해 본다는 것은 오늘날 신앙생활을 하고 있는 그리스도인들에게 많은 도움이 있을 것으로 본다.

1. 구약시대의 생명책

하나님 나라의 백성으로서 사랑을 실천하여 생명책에 기록되는 구약시대의 흐름은 최초로 수립된 하나님 나라와 언약된 하나님 나라와 예표된 하나님 나라의 순으로 진전되었다.

1) 최초로 수립된 하나님 나라의 사랑

하나님이 시간을 작동시키면서 천지창조가 시작되었다. 이것이 원역사이었다. 최초 인간의 생존생계를 위하여 먼저 물질 세계를 만드셨다. 이 최초 인간은 하나님의 형상과 모양대로 만들어진 삼합일체(영 · 혼 · 육) 인간이었다.(창 1:26, 2:7) 이 최초 인간인 아담과 하와는 창조의 면류관으로서 어디까지나 로보트가 아니었기에, 하나님은 그들의 자유의지를 귀하게 여기시사 선악과 만큼은 먹지 말라는 명령을 내리셨다.(창 2:17)

그런데도 그들은 뱀(마귀)의 유혹에 넘어가 결국은 하나님의 명령을 불순종하고야 말았다. 이 불순종은 그들의 물질 소유의 탐욕에서 비롯된 것이었다. 이로써 가죽옷이 필요 없을 정도로 순수하였던 무죄의 원초 상태인 그 원역사가 깨지고 살았다. 이렇게 해서 그들은 죄인이 되기에 이르렀다. 이리하여 하나님은 절대주권으로 만들어가시는 하나님 나라와 그 백성이 필요하게 되었다. 이것이 에덴동산에 세우려고 하였던 최초로 수립된 하나님 나라이었다. 그런데 그 나라의 백성을 삼고자 할 때는 왕이 되시는 하나님의 뜻에 순종하는 사람을 골라서 선택하였다.

여기에서 명백히 해둬야 할 성경의 증언이 있다. 이것은 다름이 아니라 인간이 에덴동산에서 타락한 이후부터 교회가 존재하였다는 것이 그것이다. 그 원역사가 깨진 후에 구속사(경건한 계열사)와 세속사(불경건한 계열사)로 분리케 되었는데, 교회는 바로 그 구속사의 선상에 있는 카할(하나님에 의해 구원으로 부름을 받은 백성들의 모임)이다. 이렇다고 한다면, 최초의 교회는 아담과 하와, 가인, 아벨로 구성된 가정교회이었던 셈이다. 이 교회도 죄인이 있는 한, 제사(예배)가 요청되었다.

이에 가인은 농사꾼이었기에 땅의 소산물을 제물로 드렸다. (창 4:3) 아벨은 양치는 목동이었기에 당연히 제물로 양의 첫 새끼와 그 기름을 드렸다.(창 4:4)

그런데 웬일인지 하나님은 아벨의 제사만 열납하시고 가인의 제사는 받아들이지 않으셨다. 그 이유는 간단하다. 당시 생활상은 자급자족하는 가운데 상생공존하는 시대이었다.

이러하기에 가정교회 안에 있는 하나님 나라의 백성으로서의 교인들끼리는 서로 서로 책임을 져야 할 의무가 있었다. 먹을 양식은 농사꾼인 가인이, 입을 가죽옷은 양치는 아벨이 담당하고 있었다. 이런 상황에서 가인이 교인들의 먹을 양식을 제때에 공급하지 않았던 것이다. 그래서 그런 마음보를 가진 가인의 아벨을 사랑하지 않은 제사를 열납치 않으셨다는 말이다. 이는 가인의 탐욕이 그렇게 안색이 변하고 선을 행하지 않아서 그를 여전히 죄인으로 만든 셈이 되었다.(창 4:6~7)

그로 말미암아 가인이 아벨을 돌로 쳐 죽였던 것이다. 이 때문에 하나님 나라의 백성을 이어갈 맥이 끊어질 수는 없었다. 이에 하나님은 죽은 아벨을 대신해서 셋을 준비해 놓으셨던 것이다.(창 4:25~26) 이후에 아담의 계보는 계속 이어졌다. 땅 위에 사람들이 번성하기 시작하면서 사람들의 죄악은 탐욕으로 인하여 점점 더 확장되어 갔다.

하나님 나라의 생명책에 등재되어 있는 아벨에 이어 기록이 될 하나님 나라의 백성이 또 다시 필요하게 되었다. 여기에는 하나님의 절대주권에 따른 대표 선택원리가 적용된다. 이 원리에 의해서 생명책에 녹명이 될 터인데, 이 기록의 작업은 창세 이후부터 이미 시작되었던 것이다.(계 13:8, 17:8)

노아 때에 이르자, 인간의 죄악은 날로 날로 확장되어 갔다. 이에 하나님은 또 다시 하나님 나라의 백성의 생명책에 등재될 인물이 필요하게 되었다. 그래서 하나님은 당시 의인이었던 노아를 사랑하시사 그를 중심으로 한 가정교회를 또 세우셨다. 이 가정교회는 실로 남은 자의 교회이었다.(창 6:5~8) 그리고는 그 가정교회의 8명 교인들 외에 나머지 사람들은 대홍수로 싹쓸이 심판하였다. 여기서 알 수 있는 사실은 하나님 나라의 백성을 삼고자 할 때는 사람들의 다수결 숫자하고는 아무런 상관이 없다는 점이다. 단 한 사람이라도 생명책에 녹명이 될 만큼 하나님이 보시기에 합당하면, 그것으로 하나님 나라의 백성이 될 수 있다는 것이다.

연이어진 인간의 탐욕은 대홍수 사건으로 끝나지 않았다. 계속되었다. 탐욕은 물질에 대한 소유욕이 많아 하나님은 물론 사람들을 사랑하지 못하게 만든다. 뿐만 아니라 그 탐욕은 자신들의 힘을 모아서 하나님을 이용하여 자신들의 이름을 드높이게 만들기도 한다. 이것이 바로 하나님을 진노케 만들었던 바벨탑 사건이었다.(창 11:1~9) 이렇게 하나님을 이용하여 명성을 추구하는 탐욕자 역시 그 생명책에 기록될 수 없다.

2) 언약된 하나님 나라의 사랑

하나님 나라는 영토라는 개념상에서 볼 때에 확장력을 갖고 있다. 이에 하나님은 가정교회를 세우는 것으로 끊지 않고, 이제는 족장교회를 세우시기에 이르렀다. 그래서 노아에 이어 아브라함과도 언약을 맺었다. 이리하여 최초로 수립된 하나님 나라에 이어 언약된 하나님 나라에로 진전되었다. 이 아브라함은 물질에 대한 탐욕이 없어 제사장 멜기세덱에게 십일조를 드렸다.(창 14:20) 더 나아가 고향 갈대아 우르를 떠나라 하니 모든 소유를 버리고는 갈 곳도 모르면서 하나님의 말씀에 절대 순종하여 무조건 떠났기도 하였다.

이어서 아들 이삭도 번제물로 바치라하니 서슴없이 바쳤다. 그야말로 탐욕이 전혀 없는 생명책에 등재되는 위인이 되기에 충분하였다. 이렇게 해서 하나님으로부터 받은 축복은 사랑이 넘치는 족장교회의 교인들이라 할 수 있는 이삭과 야곱과 요셉에게 그대로 이어졌다. 이 족장교회의 사랑의 극치는 요셉이 자신을 노예로 팔아 넘겼던 교인인 형제들을 용서하는 데서 나타났다. 실로 족장교회의 교인들 간의 진면목을 보여주었던 것이다.

에덴동산에서의 가정교회와 아브라함의 족장교회에 대한 이야기는 창세기에서 끝난다. 이어지는 모세시대의 교회는 출애굽기에 여실히 나타나 있다. 잘 아는 대로 모세는 바로의 대학살에서 살아남은 자이었다. 하나님의 선택 받은 은혜이었다. 하나님 나라의 통치자로서의 왕이 되시는 하나님은 사랑의 하나님이시기에, 이스라엘 백성이 애굽에서 430년간 종살이를 마냥할 수 있도록 방관시할 수만은 없었다.

이제 때가 되어 애굽 학문에 정통하고 그 누구보다도 애굽 상황을 잘 알고 있었던 모세를 출애굽의 지도자로 선정하였다.(행 7:22) 이리하여 모세시대의 교회는 시작되었다. 이에 애굽에 있는 교인들을 해방시키고자 모세는 바로와의 싸움(10가지 재앙사건)에서 승리하게 되었다. 드디어 출애굽시키는데 성공하였다. 하나님의 놀라운 비상개입으로 홍해를 무사히 건넜다.

이어서 모세시대의 교회는 광야교회로 접어들게 되었다. 글자 그대로 광야교회는 아무것도 없는 무일푼의 교회이었다. 하나님의 도우심 없이는 살아 갈 수 있는 방법이 없었다. 그러나 사랑의 하나님은 교인들이 필요할 때마다 다 마련해 주셨다. 매일 먹을 양식인 만나와 고기 메추라기를 주셨으며, 반석을 쳐서 물을 먹을 수 있도록 해 주셨다. 이렇게 무려 40년 동안이나 교인들의 생존생계를 책임져 주셨다.

그런데도 교인들은 끊임없이 더 편안하게 더 살려는 탐욕 때문에 모세에게, 그것도 모자라 결국에는 하나님께까지 불만 불평을 마구 쏟아냈다.

이에 하나님은 교인이 되는 이스라엘 백성들에게 일정한 법도가 되는 십계명(출 20:7~17, 신 5:1~21)을 모세를 통해 주셨다. 제1~4계명은 하나님께 대한 인간관계를, 제5~10계명은 인간 상호간의 관계를 말씀하고 있다. 이어서 하나님은 제단에 관한 법과 품행에 관한 법, 배상에 관한 법, 능력에 관한 법, 도덕에 관한 법, 공정에 관한 법, 안식년과 안식일에 관한 법, 세 가지 절기에 관한 법도 제정하셨다. 그리고는 이어 시내산에서 언약을 세우셨다.(출 24:1~8) 이에 모세는 시내산에 올라가 40일 주야를 보냈다.

이 40일 주야를 마치고 내려오니 교인들이 아론의 선동으로 금송아지를 만들어놓고 우상을 숭배하고 있었다. 이 우상숭배는 탐욕의 결과물이다. 이에 모세가 광야교회의 교인들의 금신우상숭배를 속죄해 달라고 하나님께 간절히 간청하였다. 모세는 그들의 죄를 사하여 주시지 않으면, 생명책에 기록된 자신의 이름을 지워달라고까지 하였다.(출 32:32) 실제로 성경에 생명책이라는 명칭이 정식으로 등장한 때는 이 때부터이었다. 그렇다고 해서 이 때부터 생명책이 있었다고 간주해서는 안 된다. 이미 밝혔듯이 창세 이후부터 생명책은 실재해 있었던 것이다.

그런데 십계명 중에서 제10계명을 어겨 탐욕을 부리게 되면, 그 나머지 제1~9계명은 헌신짝처럼 내팽겨치는 결정적인 우를 범하게 되어 있다. 이런 우가 오늘날의 교인들에게 여실히 나타나 있다는 것을 간파할 수가 있다. 탐욕 때문에 뭔가를, 즉 물질 소유욕과 명성 추구욕 및 권력욕을 절대시하여 그것 자체를 우상숭배하게 될 때에 바로 그 교인은 하나님 나라의 백성으로서 생명책에 등재될 자격이 없다.

광야교회 40년 동안 내내 끊임없이 불만 불평하고 있는 출애굽 1세대 교인들을 하나님은 생명책에서 제하여 불뱀에 물려 죽게 하였다. 여기에서도 하나님은 남은 자로서 생명책에 기록될 여호수아와 갈렙을 선택하셨다.(민 14:29~30) 이어 광야교회에서 지파교회의 설립을 위하여 요단강을 건너 여리고 성을 함락하였다. 그리고는 아이성 1차 공격을 시도했으나 실패하고 말았다. 이는 아간이라는 교인의 범죄 때문이었다. 이 범죄는 탐욕에 의해서 생긴 것으로 하나님의 것으로서 구별되어야 할 전리품을 탈취한 것이었다.(수 7:16~21)

이후에 어렵사리 지파들에 따라 땅이 분배되었다.(수 19:49~51) 지파교회의 목회자들은 사사들이었다. 역사적으로 확인되고 있는 가나안 땅의 분배는 결국, 우리들로 하여금 이 땅에서 선한 싸움을 다 싸운 후에 들어가게 될 새 하늘과 새 땅에서의 영광스러운 미래를 내다 볼 수 있게 한다.

이 지파교회의 핵심은 교인들끼리 똘똘 뭉쳐 확립된 지파공동체에 있었다. 당연히 이 지파교회는 12지파교회로 - 사사기에 공식적으로 언급된 - 12명의 통치자라 할 수 있는 사사들이 맡고 있었다.

이상에서 살펴본 바와 같이, 사랑의 하나님 나라의 확장력은 생명책의 등재와 함께 점점 더 확장되어 갔다는 것을 알게 되었다. 즉 에덴동산의 가정교회에 이어 족장시대의 교회→ 모세시대의 광야교회→ 12지파교회가 바로 그것이었다. 이런 가운데 그 생명책에 녹명되지 않은 교인들은 하나님의 말씀에 대한 불순종에서 비롯된 탐욕 때문이라는 것도 인지하게 되었다. 이런 경우에 그 교인들은 한 마디로 여지없이 이방인과 같은 취급을 받은 셈이 되겠다.

3) 예표된 하나님 나라의 사랑

실제로 사사시대의 지파교회가 12지파를 나눠지다 보니, 중앙집권적인 응집력이 약화될 수밖에 없었다. 그래서 주변에 있는 강대국 불레셋 등으로부터 7번 씩이나 침공을 받았다. 이 때문에 이스라엘 백성이 당시 마지막 사사이었던 사무엘을 통해 우리에게도 왕을 달라고 간청하기 시작하였다.(삼상 8:1~22)

(1) 통일왕국시대

이에 하는 수 없이 사무엘은 사울에게 기름을 부어 왕국시대의 초대 왕으로 삼았다. 이렇게 함으로 사사시대의 지파교회가 왕국교회로 발전하게 되었다. 여기에는 왕도정치가 요청되었다. 이 왕도정치란 1) 하나님 나라의 왕은 하나님이시다. 2) 백성은 왕에게 복종해야 한다. 3) 이스라엘 백성은 왕국교회의 교인인 고로 왕이 되시는 하나님께 마땅히 복종해야 한다는 것을 일컫는다. 이것은 예표된 하나님 나라의 중대한 이데올로기 같은 것으로, 반드시 신정정치에서 실천해야 할 준수 사항이었다.

그런데 이쯤에서 유념해야 할 것이 있다. 에덴동산의 최초로 수립된 하나님 나라에서 타락하기 전의 원초상태에서는 아담이 왕-제사장-선지자라는 삼중직을 다 갖고 있었다. 타락한 후에는 삼중직의 역할이 분산되어 내려오다가, 그 역할이 그 어느 때보다도 명백해지게 된 때는 왕국시대 와서이었다. 왕이라 할지라도 제사장 내지는 선지자를 대신 할 수는 없었다. 이런데도 불구하고 사울 왕은 불레셋과의 전투를 앞두고 다급한 나머지, 자신이 친히 하나님께 제사를 드림으로써 제사장의 직분을 침범하는 불경죄를 범하고 말았던 것이다. 이에 하나님의 진노를 샀다.(삼상 13:1~14)

뿐만 아니라 사울 왕은 왕도정치마저 경솔히 여겨 아말렉과의 전투에서는 모든 것을 남김없이 진멸하라는 하나님의 명령을 어기고, 결정적으로 작용한 탐욕 때문에 좋은 것만을 전리품으로 취하였다가 결국은 하나님으로부터 버림을 받게 되었다.(삼상 15:26) 이로써 그의 이름은 생명책에 올리지 못하였다.

이 사건 후에 사무엘은 다윗에게 기름을 부어 왕으로 삼았다. 명실공히 그는 통일왕국을 이루어 전성기를 맞이하게 되었다. 그리고 다윗이 밧세바와의 간음에 대하여 질타한 나단 선지자의 쓴소리를 마다하지 않고 수용할 만큼 겸손한 왕이기도 하였다. 왕국교회의 교인으로서 그는 할 일을 다한 하나님 나라의 백성이었다.

이어서 다윗의 아들 솔로몬이 왕위에 올랐다. 먼저 그는 일천 번제를 드리면서 하나님께 지혜를 구하였다.(왕상3:4~12) 그 응답으로 하나님의 지혜를 받아서 동방이나 애굽의 현자들보다 더 위대하였다. 그리하여 재판은 명재판이 되었다. 그리고 그는 하나님을 사랑하므로 예루살렘에 솔로몬 성전을 건축하였다. 이스라엘 역사상, 최고의 물질적 번영을 누리는 왕국을 세워 40년간을 통치하였다.

하지만 말년에 영적 분별력을 상실한 솔로몬은 정치적인 권력의 탐욕으로 말미암아 방탕한 생활에 빠지고 말았다. 이 타락의 원인은 이방인의 우상을 들어오게 하였으며, 이에 우상숭배와 함께 사치스런 생활에서 비롯된 것이었다. 이로써 급기야 사후에 통일왕국시대의 막을 내리게 함으로 인하여 그 왕국은 북왕국 이스라엘과 남 왕국 유다로 분열되기에 이르렀다. 이렇게 왕국교회는 둘로 나눠지게 되었던 것이다.

(2) 북왕국 이스라엘시대

북왕국 이스라엘 초대 왕 여로보암은 금송아지 제단을 만들어놓고 제사를 올렸다. 이 금송아지는 권력과 풍요를 가져다 주는 전형적인 기복신으로 여겨진 애굽의 우상이었다.

이는 애굽에서 오랜 세월을 노예 생활하였던 그 영향권을 벗어나지 못하고 있다는 것을 시사한다. 이렇게 여호와 유일신앙에 정면으로 대치되는 무서운 죄악은 이스라엘 역사를 통해서 거듭 반복되었는 바, 결국에는 왕국의 멸망을 초래케 하였다.

이 우상숭배는 북왕국 이스라엘의 7대 아합 왕 때 와서 극에 달하였다. 시돈의 왕이자 바알 제사장인 옛 바알의 딸 이세벨을 아내를 맞이한 그는 가장 지독한 바알숭배를 만연시켰다.(왕상 16:28~31) 이 바알은 비와 폭풍을 주관하는 곡물의 신이며, 가축떼를 주관하는 풍요와 다산의 신으로 전쟁도 주관하는 가나안 원주민의 기복적인 만능신이었다.

그 아합 왕은 심지어 선지자들을 가차없이 살해하기도 하였다. 이런 와중에 사랑의 하나님은 생명책에 녹명이 될 남은 자 7,000명을 선택하셨다. 그들은 바알신상 앞에서 일체 굴복하지 않은 하나님 유일 신앙자들이었다.(왕상 19:18) 이후에 아합 왕은 탐욕에도 눈이 어두워 나봇의 포도원을 강탈하는 악행을 저질렀다. 이런 것들에 대하여 강력하게 저항한 선지자는 그 유명한 엘리야이었다.

선지자 엘리사에 의해 기름부음을 받고 북왕국 이스라엘의 10대 왕으로 등극한 예후는 아합의 왕자 70명과 아합의 집에 속한 자녀들을 멸절시킴으로서 하나님의 명령에 순종하였다.(왕하 10:1~8,11,17) 이에 더하여 그는 바알숭배자들을 죽이고 그 신당을 변소로 만들어 버렸다.(왕하 10:18~27) 하지만 예후 자신은 정작 진심으로 섬기지 않았으며, 오히려 금송아지를 우상숭배하는 교묘하고 간사한 이중적인 위선자이었다. 생명책과는 관계없는 짓을 한 것이다.

(3) 남왕국 유다시대

한편 남왕국 유다 제3대 왕이었던 아사는 하나님께 전적으로 의지하며 가능한 신당과 제단을 없애며 우상숭배를 철저히 배격하였다.(대하 14:2~5) 부패와 타락을 멀리하면서 신앙부흥운동에 심혈을 기울였다.(대하 15:8~16) 이랬던 그가 북이스라엘의 바아사를 치기 위해 아람 왕 벤하람과 동맹을 맺었는데, 이로 인해 선견자 하나니의 질책을 받았다. 이에 분노한 아사는 하나니를 옥에 가두고 백성을 학대하였다. 이로 말미암아 그는 하나님의 심판을 받아 병을 얻게 되었다. 이 아사 왕 또한 생명책에 등재되지 못하였다.

이어 제4대 왕 여호사밧은 하나님을 경외하는 선왕으로서, 왕위에 오르자 우상과 산당을 파괴하고 오직 하나님만을 의지하여 백성들에게 율법을 가르쳤다. 사회 정의를 구현하는 노력을 게을리하지 않았다. 이에 하나님이 복을 주셔서 나라가 견고해졌다.(대하 17:10~19) 이어서 대제사장 여호야다에 의해 기름부음을 받고 왕위에 오른 제8대 왕 요아스는 초기에 정직하여 여호와의 전을 수리하였다.(왕하 12:4~16) 그랬던 그가 그 여호야다가 죽자 여호와의 전을 버리고 아세라 목상과 우상을 섬겨 나라 전체에 우상숭배를 조장하는 우를 범하였다. 이 아세라는 모든 신들의 모신으로서 바알을 포함한 70여 신들의 어머니로 숭배되었다. 다산과 풍요와 성(sex)의 여신으로서 음란한 제의가 행하여졌다.

이어 왕위에 오른 제13대 히스기야 왕은 부친 아하스 왕이 폐쇄하고 더럽혔던 성전을 깨끗이 정화하고 성전의 문을 다시 열었다. 그리고는 여호와의 제사를 온전히 회복시켰다. 이사야와 미가 선지자와 함께 백성들의 영적 각성운동을 대대적으로 전개하였다. 이렇게 히스기야는 평생 바른 믿음으로 하나님께 가까이하여 나라를 바르게 통치한 성군으로 평가된다. 당연히 생명책에 녹명이 될 수밖에 없는 위인이었다.

그리고 제16대 왕 요시야는 예루살렘이 멸망하기(B.C. 586년) 전에 유다 왕국의 마지막 종교적 부흥기를 주도하고 나섰다. 또 율법책을 발견한 것을 계기로 삼아 그 책을 낭독하게 하였으며, 동시에 이방 제사를 단호하게 척결하였다.(대하 34:29~33) 언약에 따라 각종 신당과 우상들(바알, 아세라, 일월성신, 몰록, 드라빔 등) 및 그것과 관련된 부정한 것들을 모조리 파괴해 버렸다. 이것도 모자라 그 우상들을 빻아서 가루로 만들거나 불살라 태웠다. 뿐만 아니라 신접한 자들과 박수 등 모든 우상숭배자들을 모아놓고 처형시키기도 하였다.(왕하 22:3~23:25) 그리고는 유월절 절기를 성대하게 지킴으로써 종교개혁을 완수하게 되었다.

이상과 같이 통일왕국시대이든 분열왕국시대이든 막론하고

예표된 하나님 나라의 때는 우상숭배에 빠져 허우적거리는 시
기이었다. 이런 가운데서도 제사장은 제사장대로 열심히 각종
제사들(번제, 요제, 소제, 화목제, 속죄제, 속건제 등)을 집전해 나갔
다. 이와 함께 선지자들은 선지자들대로 하나님의 말씀을 대신
받아서 그 또한 열심히 선포하였다. 이에 북왕국 이스라엘에서
아모스는 중심 메시지로 하나님의 정의를, 호세아는 하나님의
사랑을 중심 메시지로 선포하였다.

반면에 남왕국 유다에서는 요엘이 중심 메시지로 여호의 날을,
이사야는 하나님의 거룩함을, 미가는 하나님의 심판과 회복을,
나훔은 니느웨의 멸망을, 스바냐는 여호와의 날을, 하박국은 신
앙의 고뇌와 승리를 중심 메시지로 선포하였다.

그렇게도 예표된 하나님 나라의 백성으로서 왕국교회의 교인
들이 현세적인 생존생계를 위한 기복적 우상숭배에 매몰되어
있을 때, 일부 선한 왕들은 종교개혁을 단행하였다는 것을 알게
되었다. 그리고 제사장들 역시 각종 제사를 드렸으며 선지자들
이 하나님의 말씀을 선포하였지만, 그 왕국교회의 교인들에게
는 소 귀에 경 읽기 정도에 지나지 않았다는 것도 또한 알게 되
었다. 즉 그들의 일련의 그 같은 노력과 희생이 결국에는 무용
지물이 되고 말았다는 것이다.

여기에서 확인할 것이 있다. 문제는 그런 기복적인 우상숭배
가 왕국교회의 교인들 중에, 개인적으로 몇몇 사람으로 끝났던
것이 아니라, 그 교인들 전체가 우상숭배에 오염이 되어 있다는

데에 그 심각성이 있었다.

(4) 바벨론 포로시대

이제 더 이상 생명책에 기록될 만한 남은 자로 선택된 백성을 찾는데 있어서 한계가 있었다. 이로 말미암아 하나님 나라의 왕이 되시는 하나님의 아픔이 시작되었다. 사랑의 하나님은 그 아픔을 딛고, 하는 수 없이 왕국교회의 교인들을 바벨론 포로로 70년을 유배시키기로 작정하셨다.

당연히 타국 바벨론에 포로로 잡혀 왔으니, 이스라엘 백성에게는 그 나라에 자신들의 왕과 제사장이 있을 리가 만무하였다. 그러나 사랑의 하나님은 그들로 하여금 하나님의 말씀만은 들을 수 있도록 선지자들을 파송해 주셨다. 이 때 대표적인 선지자로서는 예루살렘의 죄를 돌이키게 하고 슬픈 도성이 되기는 했지만, 미래의 영광을 갖자며 희망을 주었던 예레미야가 있었다. 그는 바벨론에는 가지 않고 정복 당한 남왕국 유다에 그대로 남아서 활동을 하였다.

이와는 다르게 바벨론에 파송을 받아서 활동한 선지자는 다니엘과 에스겔이었다. 전자는 포로로 잡혀와 있는 왕국교회의 교인들에게 영원한 하나님의 나라를 잊지 말라고 상기시켰다. 후자는 예레미야의 그 메시지와 대동소이하였다.

(5) 바벨론 포로 귀환시대와 중간시대

드디어 때가 되자, 70년의 바벨론 포로시대는 종료되었다. 이것은 일반은총에 의한 바사 왕 고레스의 해방령 때문에 이루어진 것이었다.(스 1:1~4) 이에 따라 귀환시대에 접어 들었다. 3차에 걸쳐서 귀환한 왕국교회의 교인이 되는 이스라엘 백성들은 남왕국 유다가 바벨론 왕 느부갓네살에 의해 멸망 당하여 B.C. 586년에 파괴되었던 솔로몬 성전(제1성전)을 잊지 못하고 있었다. 그래서 그들은 스룹바벨 성전(제2성전)을 건축하는데 전력투구하였다.

이를 주도한 선지자 학개와 하나님의 종 스룹바벨이 그 중심 인물이었다. 이때에 함께 동역한 선지자로서는 스가랴가 있었는데, 그의 중심 메시지는 메시야의 도래이었다. 그리고 느헤미야는 종교개혁을 단행하면서 안식일 준수 명령을 다시 선포하였다. 또 학자 에스라와 더불어 정치·군사적으로 유다의 국가적 기틀을 마련하고 안정을 도모하였다.

이후 학개와 스가랴의 예언이 거의 100여년이 지났는 데도 메시야 왕국은 도래하지 않고, 또 이스라엘 백성들의 삶의 형편은 도대체가 나아질 기미조차 보이지 않았다. 이리하여 그들의 신앙은 다시 형식주의로 흐르고 영적 침체를 맞이하게 되었다. 이 무렵에 등장한 구약시대의 마지막 선지자가 말라기였던 것이다.

우선 말라기는 하나님의 사랑을 상기시키면서 당시 제사장들의 타락을 지적하고 나섰다. 귀환 후인 데도 그들은 정신을 못 차렸다. 단지 형식적인 일에만 몰두해 있던 탐욕스런 제사장들은 하나님께 드리는 제물만큼은 흠 없고 순전한 것이여야 했는데도, 위선과 형식으로 언약을 파기하면서까지 더러운 떡 내지는 병든 것으로 드렸던 것이다. 이런가 하면 이스라엘 백성들은 여전히 왕국교회의 교인임에도 불구하고, 하나님의 말씀에 불순종하여 색욕에서 오는 잡혼을 일삼고 있었다.

그와 같은 죄악들 중에서 가장 대표적인 것은 십일조에 관한 것이었는 바, 이는 하나님의 것을 임의로 도적질해서 속여 내거나 아예 내지 않는 것이었다.(말 3:7~10) 사실 이 십일조의 기원은 아브라함이 멜기세덱에게 전리품의 10분의 1을 바친데서 비롯되었다.(창 14:20) 이것을 말라기가 하나님의 말씀을 받아 비로소 십일조를 법제화시킨 것이다. 실로 하나님을 사랑한다는 이스라엘 백성들은 이유 여하를 막론하고 반드시 십일조 생활을 하라는 것이다.

"온 나라가 나의 것을 도적질하였으므로 너희가 저주를 받았느니라"(말 3:9)고 하시면서 이제부터는 십일조를 제대로 드리라고 일러 주셨다. 그리고는 이어서 십일조를 드리게 되면, 너희에게 하늘 문을 열고 복을 쌓을 곳이 없도록 부어주시겠다고 약속해 주셨던 것이다.(말 3:10) 그렇게 해주겠으니 하나님이 되는 나를 한번 시험해 보라고 부연까지 하셨다.

오죽 소위 하나님 나라의 백성들이라는 것들이 자기밖에 모르는 탐욕의 우상숭배 때문에 십일조를 안 냈으면, 그렇게까지 말씀을 해주셨을까 하는 하나님의 심정을 헤아리게 한다. 일언하여 하나님 나라의 왕으로서 백성들에게 십일조 명령을 내리신 결정적인 이유는 그 백성들에게 전적으로 오염된 우상숭배에 원인을 제공하는 탐욕을 제어하시기 위함에 있었다. 왜냐하면 그 탐욕은 하나님보다 이기적인 기복적 자신을 더 사랑하는 데서 오는 죄악이기 때문이다.

다시 말해서 우상숭배 자체가 자신의 이기적인 기복적 탐욕에서 비롯된 것이라는 사실이다. 이에 자신의 탐욕을 제어한 사람만이 하나님을 사랑할 수가 있다. 이것을 확인하고자 하나님은 하나님 나라의 백성들에게 실제생활에서 제일 중요한 것으로서의 물질을 시금석으로 내세워 정확하게 십일조를 드리라고 명령하신 것이다.

이런데도 아랑곳하지 않은 이스라엘 백성들은 십일조 생활을 등한시하였으며 교만한 언행은 계속되었다. 그리하여 하나님은 심판의 경고를 내렸다. 이런 중에서도 하나님은 생명책에 기록될 만한 남은 자를 위하여 보호해주셨다.(말 3:16~18) 이어서 하나님은 구체적으로 심판하시는 여호와의 날에 일어 날들에 대해 말씀하시면서, 그 전에 선지 엘리야를 보내 주겠다고 약속해 주셨다. 이 엘리야는 예수님께서 말씀하셨듯이 바로 세례 요한을 지칭한다.(마 17:10~13)

이렇게 해서 이제 구약시대는 막을 내렸다. 또 다시 하나님의 아픔의 시대에 이르렀다. 이 시대는 신구약 중간시대를 말한다. 이 시대는 세례 요한이 출현할 때까지 무려 400여 년 간이나 긴 침묵기에 들어간다.(마 3:1) 이 침묵기에는 바사시대(B.C. 404~331) 와 헬라시대(B.C. 336~163, 알렉산더 대왕, 톨레미 왕조, 셀류쿠스 왕조), 독립 유대시대(B.C. 166~67, 마카비 혁명, 하스몬 왕조), 로마시대(B.C. 63~4)가 장악하고 있었다.

이 시대에 대한 상세한 성경 말씀의 기록이 없다고 해서 하나님의 구속사가 중단된 것은 결코 아니었다. 이 기간 동안에도 하나님의 간섭과 섭리가 유대와 세계 역사(세속사)에 수없이 성취되었다. 동시에 후기에는 유대주의 사상을 형성한 독특한 이념들이 등장하였다. 바리새파와 사두개파, 열심당들이 그것이다. 특히 구약성경의 헬라어 70인역(LXX)이 만들어짐으로써 온 땅에 복음이 전파되는 기틀을 마련하였다.

이 때에도 역시 하나님 나라의 백성으로서 생명책에 녹명될 남은 자들이 엄연히 생존하고 있었다. 경건의 의미를 갖고 있는 에세네파가 바로 그들이었다. 이들은 물도 나무도 거의 없는 사해의 북쪽 동굴 속으로 들어가 공동체 생활을 지향하였다. 이에 그들은 성경을 함께 읽고 해석을 하였으며 도덕적, 종교적 문제점들을 공동연구하는 열성도 있었다. 그야말로 모든 재산을 공유하는 공동체 삶을 구현하였다. 노예를 두지 않았다. 정결 예식에 세심한 주의를 기울이며 살았다. 이런 중에도 그들은 장차 오실 메시야를 대망하면서 온갖 신앙생활을 감내해 나갔다.

2. 신약시대의 생명책

여기에서는 주 예수님의 초림으로 이루어진 성취된 하나님 나라와 그의 재림으로 이루어질 완성될 하나님 나라에 관한 일련의 내용을 다루고자 한다. 이와 더불어 하나님의 무한하신 사랑으로 새 하늘과 새 땅(새 예루살렘)에 들어갈 수 있도록 등재되는 생명책에 대해서도 언급할 것이다.

1) 성취된 하나님 나라의 사랑

이미 우리는 인간이 에덴동산에서 타락한 이후부터 교회가 존재해 있었다는 것을 알게 되었다. 이렇다고 할 때에 마가의 오순절 성령강림은 교회의 시초가 아니라, 신약교회의 출발 이라는 점을 간파할 수가 있겠다. 따라서 하나님의 점진적인 계시의 진전에 따라 구약시대의 교회보다는 신약교회의 영광이 훨씬 더 크다는 점도 확인해 볼 수 있다.

교회를 그리스도의 몸이라고 부를 시에 예수님은 교회의 머리가 되신다.(엡 1:23) 그래서 교회는 머리가 되시는 그리스도의 뜻에 따라 운영되어야 한다. 예수님은 교회의 터(고전 3:11)이며 친히 모퉁이 돌이 되신다.(행 4:11, 엡 2:20) 이런 의미에서 우리 주 예수 그리스도에 대하여 정리해 본다는 것은 상당히 중요한 의의가 있다.

주지하는 대로 기독교는 예수교이다. 이러하기에 교회 자체는 그 기독교인 예수교를 담아내고 표출해야 하는 사회적인 측면으로서 일종의 도구인 셈이다. 역사의 흐름을 막론하고 그동안에 야기되었던 일련의 모든 심각한 교회의 문제는 교회 자체를 기독교와 동일시하였다는 데서 비롯된 것이었다. 이에 즈음에서 예수님에 대하여 정확히 알아야 한다는 것은 아무리 강조하여도 지나치지 않다.

하늘의 하늘인 셋째 하늘(삼층천)에서 성부-성자-성령의 신적 총회를 주도하고 계시는 하나님은 그 아들 독생자를 이 땅에 침투시키시기로 작정하였다. 구속사의 흐름이 조금은 흐려지고 세속사의 맥이 강렬해지고 있을 즈음에, 무정란의 세속사를 유정란의 구속사로 전환시키고자 하나님은 경륜에 따라 그렇게 작정하였던 것이다.

우상숭배가 되는 탐욕으로 말미암마 이기적인 기복으로 자신들의 배만을 채우려고 발버둥치고 있는 인간들에게 주 예수님은 보란듯이 가난한 동네인 베들레헴(떡집)에 비천한 몸(성육신)으로 오셨다. 그런데 예수님의 탄생을 직시하고, 그 분이야말로 왕-제사장-선지자(삼중직)라고 인지하였던 이들은 이방인 동방박사들이었다. 그래서 그들은 황금과 유향과 몰약을 준비하여 예물로 드렸던 것이다. 이로써 에덴동산에서 타락한 후에 그 분리되었던 삼중직이 예수님께 와서는 다시 통합되었다는 것을 알 수가 있겠다. 이는 실로 중요한 사건이었다.

목수의 아들로 성장하였다. 때가 되어 공생애 생활에 접어들면서 부터는 12제자들을 일일이 직접 선택하였다. 이럴 즈음에 그 동방박사 외에 주 예수님을 정확히 알고 있었던 이는 세례요한이었다. 그는 이렇게 외쳤다. "세상 죄를 지고 가는 하나님의 어린 양이로다."(요 1:29) 이 세례 요한이 바로 말라기 선지자가 예언하였던 엘리야이었던 것이다. 이어 주 예수님은 세례 요한으로부터 요단강에서 세례를 받으셨다.

참 하나님이시자 참 인간이신 주 예수님 역시 성육신하신 인간이었기에, 이 세상의 신으로 행세하고 있는 마귀로부터 시험을 받았다.(마 4:1~11) 이 시험은 우상숭배 여부에 대한 것으로 세 번에 걸쳐서 진행되었다. 첫 번째는 이 돌을 떡덩어리로 만들라고 하는 것으로서, 이는 예수님의 먹고 사는 생계 심리를 시험하는 것이었다. 두 번째는 성의 성전 꼭 대기에서 뛰어내리라고 하는 시험은 예수님의 능력(명예)에 대한 유혹이었다. 세 번째는 천하 만국과 그 영광을 보여주면서 내게 엎드려 경배하라고 하는 것은 예수님의 권력추구 성향을 시험하는 것이었다.

그와 같은 시험들에 대해서 예수님은 하나님만을 사랑하는 마음으로 담대하게 다 물리치셨다. 예수님의 그같은 시험들은 오늘을 사는 모든 그리스도인들에게 그대로 해당된다. 시험의

대상이 되는 생계-명예-권력은 현세적이며 이기적인 세속적 욕
망으로서 기복의 핵심축이다. 따라서 그런 기복적 성향을 하나
님보다 더 사랑하게 된다면, 그것 자체가 - 예수님을 믿는다고
할지라도 그것은 믿음으로 빙자하고 있을 뿐- 우상숭배인 것이
다. 이런 따위의 우상숭배는 생명책과는 전혀 관계가 없는 것으
로서 마귀의 짓거리에 불과하다. 이리하여 우상숭배자들은 마
귀의 졸개들인 바, 모두가 다 지옥에 떨어진다. 그 이유는 마귀
가 가져다 주는 그런 시험에 유혹 당했기 때문이다.

(1) 공생애 초기 사역

마귀의 시험을 이기신 예수님은 이제 갈릴리를 중심으로 사
랑의 하나님 나라를 제1성으로 선포하기 시작하였다.(막 1:15)
이어지는 첫 번째 기적(비상개입)으로서는 가나의 결혼식에서 물
을 포도주로 만드신 사건(육신의 문제)이 있었다.(요 2:1~12) 또 예
수님을 밤에 은밀히 찾아 온 니고데모에게는 중생(영)의 문제를
해결해 주었다. 사마리아 여인에게는 생명수를 말씀함으로 그
여인의 혼의 문제를 풀어주었다. 이렇게 예수님은 하나님 나라
의 왕으로서 삼합일체(영, 혼, 육) 인간을 사랑하였던 것이다. 여
기서 주목해야 할 것은 그 가나의 결혼식의 기적 사건 후에 예
루살렘에 올라가 성전 안에서 장사하는 자들을 질책하고는 추
방시킨 사건이 그것이다.(요 2:13~25)

(2) 1차 갈릴리 사역

이 1차 갈릴리 사역은 왕의 신하의 아들을 고쳐주시는 것으로 시작하였다. 가버나움에서는 귀신을 내쫓아 냈으며 베드로 장모의 열병을 고치었다. 뿐만 아니라 각양각색의 모든 병 역시 고쳐주었다.

이어서 보물이 있는 곳에 마음이 있다면서 자신만을 위하여 보물을 쌓아두지 말라고 이르셨다.(마 6:19~21) 그리고는 먼저 하나님의 나라와 그의 의를 구하라고 촉구하였다.(마 6:33)

또 무엇이든지 남에게 대접을 받고자 하는 대로 남을 대접하라는 황금율(마 7:12)을 주었다. 그리고 양의 옷을 입고 속에는 노략질하고 있는 거짓 선지자들의 실체를 적나라하게 드러내 주었다.(눅 6:43~45)

(3) 2차 갈릴리 사역

이 2차 갈릴리 사역에서도 여전히 많은 병자들을 고쳐주었다. 특히 나인성 과부의 죽은 아들을 살리시기도 하였다.(눅 7:11~17) 이어서 예수님은 아낌없이 향유를 부은 여자를 칭찬하였다. 또 군대 귀신들린 사람들을 고쳐 주었다. 바알세불(귀신들의 왕)과의 관계에서 "내가 만일 하나님의 손을 힘입어 귀신을 쫓아낸다면 하나님의 나라가 이미 너희에게 임하였느니라"(눅 11:20)고 예수님은 분명히 해주었다.

그리고 난 후에 예수님은 하나님의 나라에 대한 3가지(보화,

진주, 그물) 비유를 들어 쉽게 풀이해 주었다. 이와 더불어 탐욕에 눈이 어두운 어리석은 부자에 대한 비유도 들어주었다.(눅 12:13~21) 이런가 하면 바리새인과 율법교사의 위선을 무섭게 질책하였다.

(4) 3차 갈릴리 사역

이어지는 3차 갈릴리 사역에서는 오병이어로 5,000명을 먹이신 것과 함께 칠병이어로 4,000명을 먹이신 사건을 통해서 인간에게 있어 먹음의 문제가 그 얼마나 중요한가를 직접 보여주었다. 더불어 많은 병자들을 변함없이 치유하였다. 귀신들린 아이의 병을 고치셨다. 바다 위를 당당히 걸으셨다. 그리고 사람을 더럽게 하는 것은 입으로 들어가는 것이 아니라 입에서 나오는 것이라고 일렀다.(막 7:14~23)

또 하나님의 나라에서는 어린 아이와 같이 낮추는 자가 큰 사람이라고 말씀하였다.(눅 9:46~48) 이제 때가 가까이 다가오자 예수님은 처음으로 죽음과 부활을 예고해 주었다.(마 16:21~28)

(5) 후기 유대와 베뢰아 사역

지금부터는 예수님의 후기 유대와 베뢰아 사역에 대해서 살펴보기로 할 것이다. 먼저 생수의 강(성령)에 대하여 말씀해 주었다. 여전히 많은 병자들을 고쳐 주었다. 죽은 나사로를 살려내셨다. 음행 현장에서 잡혀온 여자를 위로해 주었다. 이어 구원받는 자는 좁은 문으로 들어가기를 힘써야 한다 면서, 아브라함과 이삭과 야곱과 모든 선지자는 하나님 나라에 있다고 말씀하였다.(눅 13:24, 28) 이로 보아 그들은 틀림없이 생명책에 기록되어 있었던 것이다.

당연히 생명책에 등재되지 못해 하나님 나라에 들어가지 못하게 되면, 지옥에 떨어져 슬피울며 이를 갈 것이다.(눅 13:28) 예수님은 비유를 들어서 부자는 지옥에 갔으며 거지 나사로는 천국에 갔노라고 이르셨다. 이어서 청지기 비유에 대한 말씀을 예수님이 하셨을 때에 돈을 좋아하는 바리새인들은 비웃었다. (눅 16:14) 돈이 많아 사람들 중에 높임을 받는 것은 하나님 앞에 미움을 받는 것이라고 말씀하였다.

예수님이 제자들을 향하여 재물에 많이 의지하는 자는 하나님 나라에 들어가기가 어렵다 면서, 낙타가 바늘귀로 들어가는 것이 부자가 하나님 나라에 들어가는 것보다 쉽다고 말씀하였다.(막 10:24~26) 이로 보아 부자야말로 생명책에 기록된다는 것이 거의 불가능하다는 것을 알 수가 있다. 이는 영생의 문제를 해결하고자 예수님을 찾아왔던 부자 청년에게서 그대로 나타났다.(눅 18:18~23) 한편 삭개오는 예수님을 만나 심령의 변화(회개)를 일으켜 남의 것을 토색한 일이 있으면 4배로 갚겠으며, 내 재산 중에서 절반을 가난한 자에 나눠주겠다고 진솔하게 고백하였다.(눅 19:1~10)

예수님의 선한 사마리아인의 비유에서는 강도 만난 자를 직접 도와주는 사람이 진정한 이웃으로서, 이 사람이 바로 하나님을 사랑하는 자라고 일렀다. 그리고 예수님이 이르시기를 선한 목자인 나는 양들을 위해 목숨을 버리나 삯꾼은 양들을 자기 생명처럼 돌보지 않는다고 단호하게 말씀하였다. 이어서 예수님은 또 다시 죽음과 부활을 예고하였다.

(6) 마지막 한 주간 사역

이제는 때가 되어 예수님이 공생애를 마무리 지을 시점이 다 되었다. 이에 마지막 한 주간 사역이 시작되었다. 나귀 새끼를 타시고 예루살렘에 입성하신 예수님은 예루살렘 성의 멸망을 예고하시고는 탄식하였다.

월요일에는 무화과 나무를 저주하고는 이어서 선지자로서 성전을 두 번째로 정결케 하였다. 화요일에는 비유를 들어 많은 말씀들(두 아들의 비유, 포도밭 농부의 비유, 혼인잔치의 비유, 열 처녀의 비유, 달란트의 비유 등)을 하였다. 이어 가장 큰 계명으로서 새 계명(마 22:37~40)을 설명해 주었다. 그리고 가난한 과부의 헌금을 칭찬하였다.(눅 21:1~4) 예수님은 바리새인들의 하나님 나라의 도래의 때에 대한 질문을 받자 이미 너희 안에 있다고 말씀하였다.(마 24:26~27) 그러면서도 예수님은 인자의 재림의 때를 고지하는 가운데 준비하고 있으라고 당부하였다. 제자인 가룟 유다가 사탄의 미혹에 넘어가 탐욕을 부려서 예수님을 은 30개(당시 노예 몸값)를 받고 대제사장에게 팔아넘겼다. 이로 말미암아 그는 하나님 나라의 생명책에 일단은 올려졌다가 말소 당하는 배교자가 되고야 말았던 것이다.

수요일에는 예수님이 "나를 저버리고 내 말을 믿지 않는 자는 마지막 날에 심판을 받을 것이라."(요 12:48)고 말씀하였다. 이어서 목요일에는 제자들의 발을 씻으셨으며, 최후의 만찬을 가졌다. 또 다시 새 계명에 대해서 언급하였다. 보혜사 성령과 그 하시는 일을 말씀하였다. 사랑 안에 거하라고 촉구하였다. 예수님이 베드로의 부인을 예고하였던 대로 그가 세 번씩이나 부인하였다. 예수님은 스스로 세상을 이기겠노라고 말씀하였다.(요 16:25 ~33) 드디어 예수님은 체포되어 심문을 받았으며 수치스럽게 희롱까지 받으셨다.

금요일이 되자 가룟 유다가 목을 매어 자살하였다. 결국 예수님은 빌라도에게 회부되어 재판을 받은 후에 십자가에 죽으시고 장사되었다. 이어 장사된 지 3일만에 예수님은 부활하셨다. 그리고는 그는 부활체로 40일 동안 여전히 하나님의 나라를 선포하였다. 이로써 예수님은 하나님의 아들로 이 땅에 오시사 복음을 완전히 이루신 것이었다. 우리가 복음이라 할 때에, 이는 예수님이 직접 전하신 하나님 나라의 복음과 사도들이 증언한 예수님의 죽으심과 부활의 복음을 말함이다. 이렇게 복음을 온전히 이루신 예수님은 제자들에게 더불어 지상명령을 내려 주셨다.(마 28:16~20)

이상과 같이 예수님의 공생애에 따른 발자취를 일목요연하게

정리해 보았다. 그 중심 메시지는 바로 그 하나님 나라의 사랑
이었다. 그리고 이 하나님 나라는 성취된 하나님 나라이었다.
이에 사랑이 역사하는 믿음을 갖고 있는 사람들이 그 문제의 탐
욕(물질 소유욕, 명예 추구욕, 권력욕)에 대하여 어떻게 대처해야 하
는 것에 대해서도 인지하게 되었다.

두말할 필요도 없이, 모든 그리스도인은 - 어느 교파에 속하여
있던 막론하고 - 글자 그대로 주 예수 그리스도를 모방(Imitatio
Christi) 해야 하는 그리스도인(christ-ian)이다. 이에 그리스도인
은 예수교인이자 기독교인인 것이다. 단지 장로교와 감리교, 성
결교, 침례교라는 각 교파는 사도 바울의 말대로 주 예수 그리
스도를 가리키는 중매장이에 불과한 것이다.

(7) 사도행전의 예루살렘교회

주지하는 대로 예수님의 참 모습을 제일 정확하게 알고 있었
던 사람들은 그의 공생애 생활 동안 내내 함께 있었던 12명의
사람들이었다. 그들이 성령의 약속에 따라 성령 강림의 축복을
받음과 동시에 예루살렘 교회를 창설하였다. 이 교회는 베드로
를 중심으로 한 12명의 사도들과 120 문도로 구성되었다. 이는
교회의 속성들 중의 하나인 사도성(Apostolicitas)의 근거가 된다.

당연히 이 교회의 머리는 주 예수 그리스도이었다. 이에 따라
주 예수님이 직접 가르쳐주신 말씀을 기초로 삼아 성취된 하나
님 나라의 사랑에 상응하는 교회를 주도해 나갔다.

이리하여 예루살렘교회는 다 함께 있어 모든 물건을 서로 통용하고, 재산과 소유를 팔아 각 사람의 필요를 따라 나눠 주었다.(행 2:44~45) 이러는 과정에서 예루살렘교회 안에는 가난한 사람이 없게 되었다.(행 4:34) 이렇게 한 12사도들과 함께 120 문도는 주 예수 그리스도를 가슴에 직접 품은 교회의 교인들로서 새 계명에 따라 하나님을 사랑하였던 것이다. 그 결과, 제1차 이웃들이 되는 교인들을 그저 말로만이 아니라 물질로 사랑하였음이다. 따라서 예루살렘교회의 교인들은 모두가 - 헌금을 속여서 드림으로 인하여 지옥에 간 아나니아와 삽비라는 제외하고- 다 생명책에 그들의 이름이 등재되어 있을 것이다.

상기 아나니아와 삽비라는 가정을 이루고 있는 부부이었다. 이 가정은 사탄의 유혹을 받아 성령을 기만함으로써 소유한 땅값의 일부를 감추고 헌금하였다. 이후에 그들 부부는 하나님께 거짓말을 한 죄로 말미암아 죽고 말았다.(행 5:4~10)

여기에서 분명한 역사적 사실을 하나 알아야 할 것이 있다. 이것은 다름이 아니라 주 예수 그리스도를 신학적으로 명료하게 해석해준 이는 곧 사는 바울이었다는 사실이다. 이런 것들 중의 하나가 성취된 하나님 나라에 대한 해석이다.

먼저 "때가 차매"(갈 4:4)라는 것은 하나님이 작정하신 때가 완전히 예수님의 초림을 통해서 이미(already) 성취되었다는 것을 말함이다. 그리고 부활하신 그리스도를 첫 열매(고전 15:20)로 보고 있는 사도 바울은 그 부활이야말로 죽음만이 왕노릇하는 이 세상에 생명이 왕노릇하는 새로운 세상, 바로 성취된 하나님 나라를 건설하였다고 일렀다.

따라서 예수님이 이 땅에 오셔서 부활하심으로 말미암아 마귀 나라를 붕괴시키시사 마귀를 결박하여서(마 12:28~29 참조) 성취된 하나님 나라의 왕이 되심(고전 15:24~28)을 보여 주었다. 이 성취된 하나님 나라에서 누구든지 그리스도 안에 있으면 새로운 피조물이 된다.(고후 5:17) 이에 더하여 이것을 우리에게 이루게 하시려고 보증으로 성령을 주었다.(고후 5:5)

성령을 또한 첫 열매로 보고 있는 사도 바울은 하나님은 우리들에게 장차 부활체를 선물로 주실 것이다. 첫 선물로 주신 것이 성령이라고 하였다.(롬 8:23) 이런 성령을 받아 이미 성취된 하나님 나라의 백성으로 생명책에 녹명된 교인들만이 완성될 하나님 나라(천국)에 들어갈 수 있는 것이다. 이 경우의 성령은 성령 충만함으로 더욱 큰 은사(고전 12:31)가 되는 성령의 열매(갈 5:22~23)를 맺게 한다. 이 성령의 열매(단수: 칼포스)는 사랑으로 하나님 사랑과 이웃 사랑(마 22:37~40)으로 나타난다.

원수 마귀가 임금의 행세를 하고 있는 이 세상의 흑암의 권세에서 주 예수님이 우리를 구원해 주시사, 그의 사랑의 아들의 나라로 옮겨주었다.(골 1:13) 이 사랑의 아들의 나라는 곧 사랑의 성취된 하나님 나라이다. 주 예수님은 스스로 십자가에 못박히실 때에 우리가 갖고 있던 마귀 나라의 시민권도 함께 못박아 버렸다. 부활하신 후에야 우리에게 온전히 성취된 하나님 나라의 시민권을 주었다. 이때 생명책에 등재될 사람은 기록된다.
즉 생명책에 남은 자로 기록된 – 특별은총을 받은 – 사람에 한
해서 그 시민권이 발부된다는 것이다. 이것이 사도 바울이 말하
고 있는 남은 자이다.(롬 9:27~28)

2) 완성될 하나님 나라의 사랑

잘 아는 대로 이미(already) 성취된 하나님 나라는 주 예수님
의 초림으로 이루어졌으며, 아직 이루어지지 않은(not yet) 완성
될 하나님 나라는 그 분의 재림으로 이루어진다. 신약성경에 예
수님의 재림을 약속한 것이 318회에 걸쳐서 등장한다. 이는 신
약성경에 매 25절마다 한 번 꼴로 기록된 셈이 된다. 이에 구약
의 선지자들과 신약의 사람들이 재림에 관하여 예언한 것은 무
려 1,000여 번이나 된다. 기필코 예수님은 부활하신 몸 그대로
세상 끝 날에 다시 오실 것이다. 그리고 그 재림의 때를 결정하
시는 분은 오로지 성부 하나님이시다.(마 24:36, 행 1:7)

(1) 공중재림의 징조와 광경

이 공중재림의 때에는 징조들이 나타난다. 그 징조들로서는
전쟁(마 24:7)과 기근, 지진(마 24:7), 거짓 선지자, 이단적 주장들
의 발흥(마 24:11), 불법의 시대(마 24:12), 교통의 발달(단 12:4),
지식의 발달(단 12:4) 등이 있다.

이후에 오시는 예수님의 재림의 광경은 가난했던 모습의 초림 때와는 달리 만왕의 왕의 자격으로 영광과 위엄의 심판주로 이 세상에 다시 오신다. 이 때는 구름을 타고 오신다.(계 1:7) 이에 재림으로 이루어지는 완성될 하나님 나라를 면밀하게 이해할 수 있으려면, 천년왕국설을 먼저 정리해 둘 필요가 있다. 우선 여기에서는 전천년설과 후천년설보다는 무천년설을 지지한다는 것을 밝혀 두고자 한다. 이 무천년설은 성경의 천년을 문자로 보지 않고 초림과 재림 사이의 전 기간을 말한다. 즉 영적으로는 실현된 천년왕국이 되는 셈이 된다. 다시 말해서 영적으로 실현된 천년왕국이 바로 성취된 하나님 나라라는 것이다.

종말의 순서는 먼저 공중재림(죽은 성도의 부활, 살아 있는 성도의 영화, 휴거, 성도의 상급) → 대환난(7년) → 지상재림(아마겟돈 전쟁: 마귀 나라의 패망, 환난 신자의 부활, 만인의 부활, 최후의 백보좌 심판) → 낙원과 음부(중간상태) → 천국과 지옥(영원상태) 순으로 진행된다. 그리고 마지막 순서인 그 천국의 생명책에 등재된 성도들만이 들어갈 수 있는 오메가 포인트(Omega Point)로서의 완성된 하나님 나라인 것이다.

(2) 생명책과 기념책

여기에서 반드시 정리해 둬야 할 것이 있다. 이는 지금까지 누차 언급해 왔던 문제의 생명책에 대한 것이다. 생명책은 완성될 하나님 나라의 주민등록증과 같은 것으로서, 그 책에 이름이 등재되는 것은 하나님의 절대주권에 따라 결정된다. 그 이름이 등재되는 때는 이미 언급한 대로 창세 이후부터 시작되었는 바, 공중재림 직전에 종료된다. 그러나 극단적인 이중 예정론자의 일부는 생명책에 등재되는 시점을 창세 전으로 보는 견해도 없지 않아 있긴 있다.

이쯤에서 궁금한 것이 있다. 생명책에 일단 한번 등재되면 이것으로 끝나지 않는다는 것이 그것이다. 즉 말소되는 경우도 있다는 말이다. 이렇다면 도대체 생명책에 녹명이 될 그리스도인들은 몇 명 정도일까를 확인해둘 필요가 있다. 우선 예수 믿는 그리스도인들이라고 해서 어중이 떠중이 또는 나이롱 신자할 것 없이 무조건 여기에 등재되지 않는다는 사실을 알아둬야 하겠다. 그 이유는 참 그리스도인들을 일컫는 남은 자들로서 144,000명이라는 것을 분명히 말씀해 두었기 때문이다.(계 14:1)

이 남은 자로서의 144,000명은 하나님의 절대주권에 따른 대표 선택원리에 의하여 최종적으로 생명책에 기록된 사람들이다. 그 144,000명은 하나님만이 아시는 무제한적 제한수이다.

이리하여 최종적으로 남은 자가 되는 온전한 그리스도인이 되고자 할 때는 언제든지 근신하고 깨어서 기도해야 한다.(살전 5:6) 그리고 맡은 일에도 충성해야 한다.(마 25:9) 특히 거룩한 생활에 힘써서 성화의 단계에 이를 정도로 믿음이 성숙해야 한다. (살전 5:23, 히 12:14) 반드시 그래야만 하는 이유는 성화 없는 영화는 있을 수 없기 때문이다. 이 영화는 주님의 공중재림 시에 주님을 만날 수 있는 믿음의 정상이다. 이런데도 오늘날 대부분의 믿음은 어린 아이의 초보의 신자 수준으로서 의화의 단계에 정체되어 있다.(히 5:12~ 6:2, 롬 1:17)

지옥에 가는 비신자들이야 전혀 관계가 없는 일이지만, 그리스도인들에게는 생명책 외에 기념책(scroll of remembrance)이라는 것도 있다. 이 기념책의 문자적 의미는 기억나게 하는 책으로 하나님의 보좌 앞에 생명책과 함께 놓여 있다. 이 기념책은 모든 그리스도인들의 행실을 낱낱이 기록해두어 심판의 근거로 삼는 책이다.(말 3:16, 계 20:12) 이것을 좀더 쉽게 이해시키고자 예를 들자면, 생명책은 학적부 같은 것이고 기념책은 생활기록부 같은 것이다.

이미 살펴본 바와 같이, 하나님의 점진적인 계시에 따라 등장하였던 하나님 나라의 진행 과정에서 가정교회(에덴동산)와 족장교회(아브라함, 이삭, 야곱), 모세시대의 광야교회, 지파교회, 왕국교회가 시대별로 실재하고 있었다는 것을 알게 되었다. 이로써 간파할 수 있었던 바는 그 어느 시대를 막론하고 모든 교회의 교인들은 변함없이 불순종으로 인해서 자기만을 위한 기복적 탐욕에 빠진 나머지 눈에 보이는 우상숭배에 몰두하고 있었다는 것이었다.

이런 와중에서도 당시의 왕들이 종교개혁을 단행하였으며, 제사장들은 그토록 열심히 제사를 드렸으며, 선지자들은 하나님의 말씀을 냉엄하게 선포하였다. 하지만 그들의 그같은 노력은 그 모두가 다 무용지물이었다. 왜냐하면 그 하나님 나라의 백성들은 요지부동하게 그런 우상숭배 따위에 여전히 전념하고 있었기 때문이다.

이런 것들로 하여 하나님 나라의 백성으로서 그 남은 자의 이름들이 등재되는 생명책이 반드시 필요하였으며, 그와 함께 기념책이 있어야만 하였던 것이다. 지금 신약의 성령시대에 살고 있는 이 시간에도 생명책의 등재와 함께 기념책의 기록은 주도면밀하게 계속 진행 중에 있다.

(3) 성화와 영화

모든 일에는 원인이 있으면 반드시 결과가 뒤따른다. 원인 없는 결과 없으며 결과 없는 원인 없다. 이러하기에 이 땅에서 예수를 믿었다고 하는 모든 그리스도인들에게도 결과의 확인 작업이라 할 수 있는 검사(test)가 필요한 것이다. 이 검사는 주 예수님의 공중재림 때부터 시작된다. 먼저 생명책에 등재되어 있는 성도들이 죽었을 경우에는 공중재림 시 그들은 부활하게 된다.(고전 15:20) 이 부활 성도는 자기 탐욕을 채우고자 하는 기복적인 믿음에서 하나님 나라의 백성으로서 하나님 사랑과 더불어 이웃도 사랑하였던 성화의 단계까지 올라와 있는 성숙한 믿음의 소유자이다.

만일에 그들이 살아 있는 동안에 공중재림을 맞이 할 경우에, 그들은 살아 있는 채로 즉시 영화된다.(고전 15:50~52) 이 때의 몸은 신령한 몸이 된다.(롬 8:30) 이렇게 의화된 몸에서 성화의 몸이 된다는 것은 그리도 중요한 것이다. 진정 예수님을 믿어 의인이 되었으니 양자의 영을 받고 새로운 피조물이 되었다는 구원의 확신을 갖고 있다면, 반드시 성화의 단계까지 오르게되어 있는 것이다. 따라서 의화의 단계에서 침체되어 있는 청강생은 생명책에 등재될 수 있는 가능성이 거의 없다. 왜냐하면 그들은 한 마디로 말해서 예수님을 믿음으로 말미암아 구원을 받았다는 구원의 확신이 없기 때문이다.

이에 그 청강생들은 단지 예수님 믿는 것을 자기 탐욕을 채우기 위하여 하나님을 도구로 간주한 나머지, 교회를 단골터로 여길 뿐만 아니라 목회자를 그저 무당 정도로 착각하고 있는 사람들이다. 또한 그들에게 있어서 예배는 다만 위안 받고자 하는 기복심리를 만족시키기 위한 굿판인 셈이 된다.

그런데 여기에서 유의해야 할 것은 이 살아 있는 성도로서 성화를 거친 후에 영화의 단계에까지 이른 사람들이 바로 휴거(공중으로 끌어 올리어 감)된다는 것이다.(살전 4:17) 이 휴거를 구약시대에 모형으로 미리 보여주었던 것이 에녹과 회오리 바람을 타고 살아서 승천한 엘리야 사건이었다.(왕하 2:1~15, 히 11:5~6)

(4) 성도의 상급

공중에 올라와 있는 -그 죽어 있던 성도로 부활하였던- 사람들과 살아 있는 성도로 영화된 자들로서 휴거된 사람들을 중심

으로 어린 양의 혼인잔치가 베풀어진다.(계 19:7~8) 이 때의 신
랑은 주 예수님이시고 바로 그 참예한 선택된 사람들은 신부들
이다. 이에 그들은 생명책에 등재되어 있기에 여기 공중에까지
올라와 있으니 만큼, 이제는 기념책에 따라 상급이 주어진다.
이 상급은 면류관으로서 성도들이 예수님 믿으면서 교회를 중
심으로 하여 일한 대로 주어지는 것이다.

이 상급에는 다음과 같은 것들이 있다.

(1) 생명의 면류관: 죽도록 충성하여 하나님의 일을 하는 가운데
생명까지 잃은 성도들에게 주어지는 상이다.(약 1:12, 계 2:10)

(2) 썩지 않는 면류관: 사랑이 역사하는 믿음으로 말미암아
행함으로 헌신 봉사하는 가운데 승리하는 삶을 보여 주었던
성도들에게 주어지는 상이다.(고전 9:25~29, 살전 2:10)

(3) 기쁨의 면류관: 양 도둑질하지 않고서 진정한 심정으로
비신자들의 영혼을 구원시킨 성도들에게 주어지는 상이다.(빌 4:1)

(4) 영광의 면류관: 사람들의 기쁨을 위해서가 아니라 하나
님의 기쁨(영광)을 위하여 하나님의 말씀에 순종해서 진솔하
게 양떼를 사랑으로 돌봐주었던 목회자들에게 주어지는 상이
다.(눅 10:35, 벧전 5:1~4)

(5) 의의 면류관: 현세의 삶에 만족하지 않고 주님의 재림을
확신하면서 미리 미리 주님의 심판에 대비하는 성도들에게 주
어지는 상이다.(딤후 4:6~8, 계 22:12)

예수님을 믿는다면서 공중재림의 혼인잔치에 참예하지도 못
해서 상급 하나 받지 못한 사람들은 신자 그룹에 속하는 이들이
다. 신자와 성도는 질적으로 전혀 다르다.(고전 1:2) 신자는 다른
종교인 불교와 이슬람교에도 있다. 마찬가지로 기독교에도 신
자가 있다는 말이다. 이에 기독교는 일단 예수 믿어 구원 받겠
다고 들어온 신자들을 성도들로 변화시켜야 할 책임이 있는 것
이다. 이 분명한 사실을 한시라도 망각해서는 안 된다.

말이야 바른 말이지, 실제로 오늘날 교회 안에는 신자들이 의
외로 많다는 데에 그 심각성이 있다. 이 신자들에 대해서 사도
바울은 나무와 풀과 짚으로 공력을 쌓고 있는 위인들이라고 질
타하였다.(고전 3:10~15) 이 나무는 자기 경배를 위해서, 풀은 자
기 명예를 얻고자 사회봉사를 일삼는 일을 위해서, 짚은 육신의
행위를 위해서 탐욕하는 것을 일컫는다.

이와는 달리 성도는 금과 은과 보석으로 공력을 쌓고 있는 생
명책의 위인들이다. 이 금은 참된 예배를 드리는 자를, 은은 구
원의 확신자를, 보석은 구도형적인 믿음으로 개혁을 시도하는
자를 상징한다.

(5) 대환난

하나님 나라의 사랑을 경륜의 구속사에 따라 주도해 나가시
는 왕이신 하나님은 어디까지나 사랑의 아버지이시다. 이에 아
들이 되는 예수님을 믿는다 면서 나름 믿음 생활을 가지고 있었던

신자들에게 기회를 주시사 한 번의 검사대를 통과하게 하셨다.
이는 바로 대환난을 말한다.

이 대환난의 기간은 공중에서 혼인잔치가 벌어지는 것과 동
일한 7년이다. 이 대환난이라는 검사대를 통과해야 할 사람들은
그 공중재림에 참예하지 못해서 땅에 남겨져 있는 신자들과 함
께 비신자들 및 불신앙의 유대인들이다.

이 대환난을 주동하는 권세자는 이 세상의 신으로 행세하고
있는 마귀이다. 이 마귀는 마귀 나라의 왕이기에 삼분일체 마귀
나라를 이루고 있다. 그 악한 영이 육신을 입고 이 땅에 침투해
서 획책하고 있는 것이 적그리스도 666이다. 이 악한 영에는 영
으로 실재하고 있는, 즉 마귀의 졸개들이라 할 수 있는 미혹의
영과 이단의 영, 거짓 선지자들의 영, 귀신들이 있다. 이리하여
복음을 온전히 이루신 성취된 하나님 나라(영적으로 실현된 천년왕
국)의 때에, 주 예수님의 죽으심과 부활하심으로 말미암아 결박
되어 있었던 마귀 나라가 대환난 시에는 그 결박이 해체된다.

이로써 대환난 시에는 그야말로 마귀 나라가 날뛰고 있는 세
상이 되고 만다. 그래서 전에도 없었고 후에는 없을 대환난으로
전 지구상에 임할 큰 시련기인 것이다.(마 24:21, 단 12:1)

(6) 지상재림과 최후의 백보좌 심판

이제 대환난이 마무리될 즈음에 공중에 계셨던 신랑 예수님
은 성도들과 더불어 영광 중에 구름을 타시고 나팔 소리와 함께

지상재림하신다.(슥 14:5) 이어 땅에 오신 예수님은 최후 발악하고 있는 적그리스도(곡과 마곡)와 그의 군대로 인해서 아마겟돈 전쟁을 치르게 된다.(계 16:16, 20:8) 이 전쟁은 그 곡과 마곡이 마귀의 주도세력으로 예수님의 지상재림을 훼방하고자 므깃도 평야에서 일으키는 큰 싸움이다. 당연히 이 큰 싸움은 예수님의 승리로 종료된다.

이어서 최후의 백보좌 심판이 진행된다. 심판주는 주 예수님이시다.(딤후 4:1, 계 20:11) 이때 심판 받는 대상은 마귀 나라와 대환난을 통과한 그 문제의 환난 신자들이다. 그리고 죽은 자들 역시 그 모두가 다 심판받는다. 따라서 마귀 나라의 왕이 되는 마귀와 졸개들인 적그리스도, 악한 영들이 최후의 백보좌 심판을 받아 지옥으로 떨어진다.

신자들 중에는 일부가 어렵사리 염소가 아닌 양에 속해 있었기에 구제 심판을 받아서 천국에 간다. 하지만 신앙생활을 하면서도 말로만 주여 주여 하는 가운데 주님의 뜻대로 사랑을 실천하지 않는 형식적인 명목상의 신자들은 염소들이었던 고로 결국에는 지옥에 가고 만다.(마 7:21) 죽어 있는 자들은 공중재림 시 부활하지 못한 자들로 즉, 비신자들로서 다 부활(만인 부활)하여 심판을 받아서 역시 지옥행이 된다. 이것을 둘째 사망이라고 한다.(계 20:10, 14~15)

(7) 천국과 지옥

모든 인간은 이 땅에 살다가 마지막에 가는 곳은 천국과 지옥이다. 그 둘 중의 하나가 최후에 갈 곳이다. 이 천국과 지옥은 영원 상태인데, 이를 충분히 인지할 수 있으려면 먼저 중간 상태인 낙원과 음부를 이해할 필요가 있다.

영과 혼과 육신으로 구성되어 있는 삼합일체 인간이 죽을 시에 육신은 흙(아다마흐)에서 왔기에 흙으로 돌아간다.(창 3:19) 그러나 영과 혼은 음부로 간다. 이 음부는 고통의 장소로 죄인의 영과 혼이 머무는 하음부와 아브라함의 품이라고 불리는 곳으로서 의인의 영과 혼이 있는 상음부로 나누어져 있다. 그런데 이 상음부는 예수님이 음부에 내려가셨다가 올리우실 때에 낙원으로 옮겨진 것으로 생각된다.(엡 4:8~10)

일단 성도들이 죽으면 그 영과 혼은 낙원으로 간다.(눅 23:43) 이 낙원은 구원 받은 영과 혼이 부활을 기다리면서 머무는 행복의 장소이다. 이상에서 논한 그 음부와 낙원은 중간 상태로서 최후의 백보좌 심판 때까지만 유지된다. 이 심판 때 영과 혼이 육체와 결합하여 영원한 상태로 사는 곳이 천국 또는 지옥인 것이다.

이 천국은 구원 받아서 생명책에 등재된 성도들이 기념책에 따라 상급을 받은 후에 영원히 살 장소로서의 새 하늘과 새 땅(새 예루살렘)이다.(요 14:2~3) 이 천국이 누누이 언급해 왔던 바로 그 완성될 하나님 나라인 것이다. 이 천국에 들어와 있는 생명책의 성도들은 에덴동산에서부터 최후의 백보좌 심판때까지 하나님의 절대주권에 의한 대표 선택원리에 따라 예정되었던 남은 자들로 144,000명이다.

한편 지옥에 가는 죄인도 최후의 백보좌 심판 때에 영과 혼이 육체와 결합된다.(계 20:13) 원래 이 지옥은 범죄한 마귀와 그 졸개들인 적그리스도와 악한 영들을 형벌하기 위한 장소로 하나님이 준비해 놓으신 곳이다.(마 25:41) 이 지옥에 죄인들(비신자들, 말로만 믿고 행동은 탐욕스럽게 염소 같았던 명목상의 신자들, 예수님을 거절한 유대인들)이 가는 결정적인 이유는 탐욕이라는 우상숭배에 함몰되어 결국에는 이 세상의 왕이라고 하는 마귀의 마귀 나라를 섬겼기 때문이다.

그들이 거짓의 아비를 섬기고만 형국이 되었으니 만큼, 그 아비가 가는 지옥에 그 자식 노릇한 죄인들이 그 아비를 따라 지옥에 간다는 것은 당연한 것이다.

이 지옥은 회개할 수 없는 곳으로(마 12:32) 용서가 없다. 또한 지옥은 불과 유황이 타는 고통의 장소(계 20:15)로서, 한 번 들어가면 빠져나올 수 없는 영원한 곳이다.

제 2 장

현대의 성경적 원형 교회

제2장 현대의 성경적 원형 교회

제1장에서 우리는 하나님의 점진적인 계시에 따라 진행되어 온 바를 구약시대의 최초로 수립된 하나님 나라 → 언약된 하나님 나라 → 예표된 하나님 나라에 이어 신약시대의 성취된 하나님 나라 → 완성될 하나님 나라로 나누어서 살펴 보았다. 그런데 각 시대마다 하나님 나라의 백성이라는 사람들이 대부분 기복적 탐욕에 의한 우상숭배가 만연되어 있었다는 것을 간파할 수가 있었다. 이 우상숭배는 금욕추구와 명예욕과 권력욕 때문에 야기된 것이었다. 이런 진행 과정을 통해서도 나타난 하나님 나라의 사랑과 그 사랑으로 인해 대표 선택된 성도들의 이름이 생명책에 기록되는 일련의 역사도 함께 알아 보았다.

이제부터는 먼저 요한계시록에서 말씀하고 있는 일곱 교회들의 자화상을 개요해 보기로 하겠다. 그리고는 이어서 로만 가톨릭 교회와 종교개혁에 대해서 논의할 것이다. 그리고 난 다음에 본 제2장의 제목대로 현대의 성경적 원형 교회를 집중적으로 해제하고자 한다.

1. 요한계시록에 있는 일곱 교회

성령이 일곱 교회에 주시는 메시지에 그 교회의 특징이 잘 묘사되어 있다.(계 2:1~3:22) 첫째로, 에베소 교회는 전통적인 교회로서 교리에 굳건히 세워졌으나 처음 사랑을 잃어버렸다. 둘째로, 서머나 교회는 궁핍하나 부요한 교회로서 핍박 가운데서도 변하지 않은 영적인 풍요함을 간직하였다. 그래서 악행을 범한 일이 없는 교회로서 생명의 면류관을 약속을 받았으며 둘째 사망을 면하게 되었다.

셋째로, 버가모 교회는 주변 환경이 아주 불리하였다. 하지만 핍박 중에도 믿음을 굳게 지켰다. 그런데 니골라당의 교훈을 따라 우상숭배에 빠졌을 뿐만 아니라 행음을 하는 오점을 남겼다. 넷째로, 두아디라 교회는 악한 여선지자가 목회하던 교회로서 주님을 위한 사업과 사랑, 믿음, 섬김, 인내가 처음보다 더 좋아졌다. 그러나 우상숭배를 일삼았으며 행음하는 자들이 있었는데도 도대체가 회개치 않는 오점을 갖고 있었다.

다섯째로, 사데 교회는 죽어 있는 교회로서 소수의 순결에 대해서만 칭찬하였으며 극도의 형식주의에 오염되어 있었다. 이렇다 보니 믿음과 행위는 아예 죽은 자의 것과 같았다. 여섯째로, 빌라델비아 교회는 아주 연약하였으나 충성된 교회이었다. 이와 함께 이 교회는 인내하는 가운데 말씀을 끝까지 지켜 배반을 하지 않았다. 이에 성전의 기둥이 되었으며 새 예루살렘에 들어갈 수 있는 생명책에 이름이 기록되는 상을 받았다. 일곱째로, 라오디게아 교회는 부요한 것처럼 보이나 실제로는 가난하기 짝이 없는 교회이었다. 따라서 이 교회는 선행이란 조금도 없었다. 영적인 교만에 빠져 있었으며 세상의 일을 자랑하고 나섰다. 믿음 또한 미지근하였다.

이와 같이 성령은 이미 세상에 있을 교회의 모습들을 아시고 사도 요한을 통해서 메시지를 주었던 것이다. 다시 말해서 오늘날의 교회들도 위 일곱 교회들 중에 분명히 어느 하나의 교회에 속해 있을 것이며, 그렇지 않으면 그 일곱 교회들 중에 서로 절충된 채 실재하고 있는 교회가 있을 것이라는 말이다.

이미 살펴 보았듯이, 그 일곱 교회들 중에서 주님으로 부터 전혀 책망 받지 않는 교회는 서머나 교회와 빌라델비아 교회이었다. 이 교회들의 칭찬 받은 특징은 궁핍하고 연약하였으나 영적으로는 부요한 중에 충성하였다는 데 있다. 여기에서 주목해야 할 교회들이 있다. 주님을 믿는다 하면서도 우상숭배하고 있는 교회들이 있다는 사실이다. 이 교회들은 버가모 교회와 두아디라 교회이었다. 이렇게 성령은 오늘날에도 교회들 가운데서 분명히 우상숭배하고 있는 교회들이 있을 것이라는 사실을 정확히 알고 있었음이다.

2. 로만 가톨릭 교회와 종교개혁

사도행전의 예루살렘 교회의 사도 후에 교부들에 의해서 기독교가 본격적으로 형성되기 시작하였다. 그들의 활동 기간은 기원 90년부터 140년까지로 볼 수 있다. 중심 인물은 클레멘트와 폴리캅 등이었다. 이러는 중에 희랍적 변증론자들에 이어 기독교의 타락된 종파들이 등장하게 되었다. 이 종파들은 에비온파와 노스틱주의, 말시온, 몬타누스 등이었다. 이에 대하여 수호자로 자처하고 나선 감독들이 출현하면서 초기의 교회 개념이 서서이 형성되기에 이르렀다.

이후에 고대 가톨릭 교회의 신학자들이 중심이 되어 보편적 교회시대의 첫 단계가 마련되었다. 이 때의 신학자들은 신학의 창시자인 이레니우스와 터틀리안, 어거스틴 등이었다. 당시 집중적으로 논의된 교리들은 삼위일체론과 기독론, 구원론, 인간론, 예전론 등이었다.

중세기에 접어들면서 고레고리의 신학에 이어 카롤링 왕조시대에 와서는 일대 논쟁을 불러 일으키는 신학운동이 활성화되었다. 따라서 교황권이 가일층 발전하게 되었다. 점차 교황권이 절대 권력화되어가자 여기에서 야기되는 신앙병폐현상은 극대화되어 갔다. 구속사 안에 있어야 하는 교황들이 세속사 안에 있는 황제들에게까지 막강한 권력으로 좌지우지하였다. 이렇게 해서 권력이 명예욕과 함께 금권력도 움켜 잡았다. 말로는 삼위일체 하나님을 운운하면서 행동으로는 그런 우상숭배에 전력투구하였던 것이다. 그 실질적인 중심에는 언제든지 황금만능주의(Mammonism)가 은밀하게 작용하고 있었음이다. 이런 상황에서 도덕과 윤리는 타락할 수 밖에 없었다. 이같은 일련의 행태가 중세기를 휩쓸면서 만연되어 있었다. 그래서 우리는 인류 역사상 중세기를 암흑시대라고 칭하고 있는 것이다.

이제 때가 되어 중세기 후기에 이르자, 종교개혁의 선구자들이 곳곳에서 등장하기 시작하였다. 그들은 위클리프와 후스, 고흐, 베젤 등이었다. 그들의 핵심 주장은 교회의 부정부패에 집중되어 있었다. 여기에 더하여 펠라기우스의 인간의 자유의지를 수용한 에라스무스의 신학 내지는 인문학이 부채질하였다. 이런 데다가 당시 르네상스(문예부흥)의 영향을 받음으로 말미암아 로만 가톨릭 교회는 점점 더 시간이 흐르는 가운데 쇠퇴시대를 맞이하게 되었다.

그 무엇보다도 로만 가톨릭 교회의 황금만능주의에 실망한 나머지 거세게 저항하였던 종교개혁의 선구자로서는 왈도가 있었다. 그는 마태복음 19장 16~22절의 재물이 많은 부자 청년에 대한 말씀에 큰 감동을 받았다. 그리하여 그는 상업으로 벌어들인 막대한 재산을 팔아서 가난한 사람들에게 아낌없이 나누어 주었다. 그리고는 1177년부터 만사 제쳐놓고 전도에 몰두하였다. 이런 빈자의 행동에 화들짝 놀란 로만 가톨릭 교회의 교황 루시오 3세는 종교재판을 열어서 그를 이단으로 매도해 버렸다. 결국에 왈도는 1184년에 파문을 당하고 말았다.

이후 시간이 흘러 1517년에 루터가 황금만능주의에서 비롯된 우상숭배의 산물인 그 면벌부를 문제삼고서 개혁교리를 내세워 개혁의 기치를 촉발시켜 나갔다. 연이어 츠빙글리와 칼빈도 동참하며 개혁을 계속 주도하고 나섰다. 특히 칼빈이 초기에 내세운 이중 예정론의 영향력은 막강하여 부자들이 장로교로 몰려들면서 그 교권은 날로 강화되었다. 이렇다 보니 알게 모르게 여기에서도 또한 황금만능주의가 횡행하고 있었다. 이에 따라 부정부패가 난무함으로 말미암아 도덕과 윤리 역시 추락하고 있던 것이다. 이로써 당시 교회들의 모습이 그 라오디게아 교회와 조금도 다른 바가 없었다.

그와 같은 역사적 사실은 개혁된 교회인 데도 불구하고, 황금만능주의자라는 측면에서 볼 때는 로만 가톨릭 교회와 별반 다르지 않았다는 것을 간파할 수 있겠다. 이에 대하여 전혀 다르게 접근하였던 종교개혁자가 있었다. 그는 종교개혁의 완결자라고 평가를 받고 있는 웨슬리이었다.

1536년 〈기독교 강요〉의 칼빈 이후, 정확하게 200년만인 1736년 올더스게이트 체험을 한 웨슬리가 그들의 교리적 개혁과는 다르게 실천적 개혁자로 등장하게 되었다. 이제 개혁은 말로만 떠들어대는 교리시대가 아니라, 사랑이 역사하는 믿음으로 사랑을 실천하는 시대를 통해서 이루어져야 한다는 것이다. 이리하여 웨슬리는 복음적인 3대 경제원칙을 모토로 삼았다. 그 3대 경제 원칙은 1) 할 수 있는 대로 가능한 열심히 벌어라 2) 할 수 있는 대로 가능한 열심히 저축하라 3) 할 수 있는 대로 가능한 열심히 나눠주라이었다.

이 경제원칙에 따라 웨슬리는 당시 영국민 800~900만명을 상대로 해서 목회행위를 통하여 생긴 모든 재물을 갖고 소외계층을 중심으로 아낌없이 나눠주었다. 이 결과, 영국은 유럽에서는 유일하게 피흘리는 혁명없이 웨슬리로 말미암아 개혁에 성공한 나라가 되었다. 뿐만 아니라 당시 감리교인(Methodist)이라 하면 무조건 각종 회사에서 사원으로 채용되는 행운을 누리기도 하였다. 이렇게 감리교회는 주위로부터 칭송받는 교회가 되기에 충분하였다.

실로 당시의 감리교회는 일체 책망을 받을 일이 없는 바로 그 버가모 교회 내지는 빌라델비아 교회와도 같았다. 이런 웨슬리가 소천하자, 남은 돈이란 고작 자신의 시신을 운구할 사람들의 하루 인건비 6 파운드밖에 없었다. 이럴 정도로 그는 모든 재산을 거룩하게 소비하였던 것이다.

3. 현대의 성경적 원형 교회

여기서 원형 교회라고 할 때에 모형 교회가 있었다는 것이 된다. 이 때의 모형 교회는 이미 구약시대에서 개관해 보았던 그 에덴동산의 가정교회와 족장교회, 모세의 광야교회, 지파교회, 왕국교회가 된다고 하겠다. 이 모형이란 원형 교회의 예표된 그림자라는 말이다. 이에 이제부터는 성경에서 말씀하고 있는 원형 교회를 탐색해 보기를 할 것이다.

세계교회사에서 볼 때에 고대교회와 중세교회는 성취된 하나님 나라의 시대에 해당된다. 이러하다면 그 생명책에 등재될 만한 온전한 그리스도인이 정말 얼마나 될 것인가는 사뭇 궁금하다. 그러나 분명히 언급할 수 있는 것은 하나님보다는 황금만능주의를 더 사랑하였던 우상숭배자들은 결단코 생명책에 이름이 기록될 수 없다는 사실이다.

1) 당시 교회들을 비판한 철학자들

역사적으로 웨슬리는 근대교회의 사람이었다. 이 당시는 약 70여 년 전 프란시스 베이컨에 의해 근대철학이 창시되었을 때부터 시작하여 데이비드 흄까지 이어지던 시대이었다. 동시대 학자로서는 최대다수의 최대행복을 주장한 바 있는 벤담이라는 공리주의자가 있었다. 여기에서 잊지 말아야 할 동시대 학자가 또 한 명이 있었다. 그는 산업화의 급성장으로 인하여 18세기에 자유방임자본주의를 태동시킨 아담 스미스이었다.

19세기에 접어들면서 철학자 킬케골은 덴마크 국교회와 투쟁할 정도로 교회에 대해서 아주 부정적이었다. 그 이유는 역시 국교회의 황금만능주의 성향에 있었다. 이어 1823년 하이델베르크에서 신학 수업까지 받은 포이엘바흐 같은 철학자는 아예 종교비평가로 자처하고 나섰다. 이에 그는 유물론자의 선구자가 되고 말았다.

현대의 문을 연 창시자는 니체와 마르크스이었다. 전자는 하나님(신)은 죽었다고 선언할 만큼 당시 교회에 대하여 극단적으로 탄핵하기도 하였다. 후자는 변증법적 유물론자로서 자본주의의 병폐를 직시하고는 무신론적인 〈공산당 선언〉이라는 명저를 남겼다. 이어 그는 사회주의 사상을 집대성해 놓았다. 그리고는 더 나아가 종교는 아편이라는 극언도 서슴치 않았다. 연이어 실존주의와 실용주의가 등장하였다.

상기에 언급된 일련의 철학자들은 최고의 지성인들이다. 그들에게 있어서 표출된 뚜렷한 공통점은 근대교회이든 현대 초기의 교회이든 막론하고 한결같이 당시의 교회들에 대하여 극렬하게 비판하였다는 사실이다. 이런 사실에 대해서 그동안에 한국(세계) 교회의 신학자들과 목회자들은 그들을 무조건 무시해 버렸다.

무슨 이유로 해서 최고의 지성인이었던 그들이 그렇게 비판하고 나섰을까 하는 것을 성찰의 계기로 삼았어야 옳았다. 이런데도 그렇게 하지 못한 결정적인 이유는 제대로 알지 못하면서도 아는 척하는 무지몽매함과 영적인 교만 때문이었다. 이런 점에 대해서는 지금도 별반 다르지 않다.

일언하여 그들이 당시의 교회들을 온통 싸잡아서 부정적으로 매도하였던 것은 교회가 교회답지 못한 채, 소위 그 문제의 황금만능주의에 함몰되어 있었기 때문이다. 이렇게 해서 그와 같은 교회 때문에 기독교까지 배척당하고 있는 셈이었다. 이렇게까지 된 것은 웨슬리와 동시대에 살았던 아담 스미스의 자유방임자본주의의 영향을 받아 모든 교회들이 시장경제 논리에 의한 황금만능주의를 지향하고 있었다는 데 있다.

2) 황금만능의 교회성장주의와 성공주의

그런 황금만능주의의 지향성은 케인즈에 의해 시작된 1920년대의 수정자본주의시대와 이어진 1970년 대에 밀턴 프리드만에 의해 시작된 신자유자본주의 시대에도 그대로 요지부동하게 나타났다.

특히 1970년대 신자유자본주의의 영향 하에 태동한 교회성장주의에 이어 성공주의가 한국 교회는 물론 세계 교회를 덮치면서 지구촌의 모든 교회들을 졸지에 천민 자본주의화시켜버리고 말았던 것이다. 이 교회성장주의는 지상명령(마 28:18~20)을 키 페세지스(key passages)로 삼아 전도라는 명목으로 오로지 헌팅 작업만을 추구하게 만들었다. 이로 인해서 물량적인 교회성장주의가 되기에 이르렀다.

이에 그 성공주의는 구조적으로 자기존중신앙과 번영신앙으로 이루어져 있다. 성공주의는 교인들에게 메시지를 통하여 신자유자본주의의 정글의 법칙이라 할 수 있는 적자생존과 약육강식, 승자독식을 부추겨 이전투구화시키는 데 한 몫을 하였다. 이것은 성공이라는 목적을 위해서는 수단과 방법을 가리지 않는 자본주의적인 사이비 믿음을 양산시키게 되었다.

이렇게 하는 과정에서 교회는 단지 우상숭배화된 황금만능주의 자체를 획득하기 위한 성공의 훈련 장소로 추락하고만 것이다. 이는 한심하기 짝이 없는 세속화의 작태라고 아니 할 수가 없음이다. 이에 따라 가장 심각한 문제는 '성공주의'라는 어휘 자체가 그 설정부터 오류를 범하고 있다는데 있다. 인간의 안목으로 볼 때에 주 예수님은 허망하게 실패하신 분이다. 그런데도 성경은 그 분을 승리자 그리스도(Christus Victor)라고 말씀하고 있다. 이런 의미에서 성공주의는 일언하여 하나님을 믿는 신앙을 빙자하여 종교기술을 부린 것으로서, 세상에서 말하는 일종의 처세술에 불과한 것이다.

그와 같은 교회성장주의(또는 교회지상주의)와 성공주의는 18세기 자유방임자본주의 시대부터 태동되었다가 급속도로 신자유자본주의 시대와서 최대한도로 만개되었다. 그러나 이것은 실질적으로 고대교회 시대에도 있었던 흐름이었다. 이 말의 진의는 고대교회부터 시작해서 지금 현재교회에 이르기까지 교회가 구조적으로 설계하는 데 있어서 뭔가 오류를 범하고 있었다는 것이 되겠다.

3) 교회의 구조상 설계와 경륜

그동안에 시대를 막론하고 모든 교회들이 한결같이 구조상 〈하나님 나라 – 개체교회 중심의 전도지향 – 세계〉라는 도식으로 설계해 왔다. 이렇다 보니 교회성장주의와 성공주의가 자연스럽게 개체교회의 지상주의와 접목되었다고 하는 것은 필연적인 현상이었던 것이다. 이에 따라 전도라는 미명하에 시장바닥과 같이 사람들을 모으는 와중에서 그 사람들 자체를 사물화(Reification) 시킨 결과, 엄청난 자본이 축적되는 황금만능을 누리게 되었다.

그것 자체가 헌금 장사로 우상숭배화되는 모양새가 되고 말았던 것이다. 그러는 동안에 그런 시대에 걸쳐서 생존해 있었던 자칭 그리스도인들이라는 사람들 중에 과연 몇 명 정도가 남은 자로서 하나님의 대표 선택을 받아 하나님 나라의 생명책에 등재될 수 있었을까 하는 문제는 순전히 절대주권을 갖고 계신 하나님만이 아실 일이다. 그럼에도 분명한 것은 신앙생활하는 것을 이웃 사랑 없이 오로지 성공해서 황금을 많이 얻어 명예 내

지는 권력을 추구하고자 하였던 사람들은 결단코 생명책과는
아무런 상관이 없다는 사실이다.

가장 바람직한 성서적인 구조의 설계는 〈하나님 나라 – 역사
-교회〉이다. 이에 앞서서 하나님 나라(+사랑)와 교회에 대해서는
알아볼 만큼 알아 보았다. 이에 이제부터는 역사에 대해서 언급
해 보기로 한다. 서두에서 역사는 에덴동산에서 타락한 후에 구
속사와 세속사로 분리되었다는 것을 피력한 바 있다. 잘 아는
대로 구속사는 구원사 선상에 올라와 앉아 있는 경건한 계열로
서의 하나님 나라의 백성과 함께 하나님이 직접 주도해 나가시
는 승리의 역사이다.

반면에 세속사는 이 세상의 임금이 되는 마귀가 비신자들인
이방인들을 졸개로 삼아서 끌어가는 패망의 역사이다. 이리하
여 그동안에 온갖 교회들이 황금만능주의라는 우상숭배에 매몰
되고 말았다는 역사적 사실은 에덴동산에서 선악과를 두고서
미혹하였던 바로 그 뱀(마귀)의 교묘한 전략에 넘어 갔다는 것
을 시사한다. 이로 본다면 그동안 구속사 선상에 있어야 되는
지구촌의 모든 교회들이 경제적으로 동향하는 세속사에 오염되
어 있었다는 것을 간파할 수가 있겠다. 그래서 1945년 이래 서
구 유럽의 교회들에 이어 미국 교회를 거치면서 한국 교회에 이
르러서는 지금도 가나안 신자 200~250만 명이나 될 정도로 감
소되고 더 나아가 소멸되고 있는 것이다.

대부분의 사람들이 착각을 일으킨 나머지 마귀가 이 세상의

절대 세력자로 이 세속사를 끌어가고 있는 줄 알지만, 실제적으로는 창조주 하나님이 절대주권으로 보통(일반) 은총에 따라 세속사까지도 경영하고 있다는 사실을 한시라도 잊어서는 안된다.

이런 경우의 경영은 경륜이다. 이 경륜은 헬라어로 '오이코노미아'인데, 집을 뜻하는 '오이코스'와 관리하다는 뜻의 '노메오'가 결합된 표현으로서 '집을 다스리고 관리한다는 것'을 의미한다. 여기에서 영어로 경제를 뜻하는 '이코노미(Economy)'가 파생되었다.

우선 그 신학적인 의미로서는 세상 역사의 운행과 질서를 경제에 촛점을 두고 주도해 나간다는 것을 직시할 수가 있다. 다시 말하여 하나님이 세상의 역사를 끌어감에 있어서, 각 시대마다 자본력이 막강한 경제 대국을 중심에 놓고 운행하면서 질서를 유지해 나간다는 것이다.

그동안에 세계 역사상 각 시대마다 등장하였던 경제대국으로서 운행하는 질서면으로 보아 고대시대의 애굽과 바벨론, 바사제국, 헬라제국이 있었다. 중세시대에는 로마제국에 이어지는 유럽의 제국들이 있었다. 현대에 와서는 일부 유럽 국가들과 미국이 있었다. 현재는 주지하는 대로 미국과 중국의 시소게임의 갈등 지점에 와 있다.

앞으로는 경제대국이 중국을 지나 인도로 옮겨갈지도 모를 일이다. 세상을 경륜하시는 하나님만이 아실 일이다. 여기에서 하나의 명확한 사실은 더 이상 이 지구촌에 경제대국으로 사용

할 만한 국가가 없을 때는 그만큼 종말이 다가와 있다는 것이다. 즉 신랑이 되시는 주 예수님의 공중재림이 얼마 안 남았다는 말이다. 그래서 종말론적인 신앙(마라나타)이 절대 필요한 것이다.

4) 사도행전의 예루살렘교회

주 예수님의 공중재림을 학수고대하면서 종말론적 신앙을 갖고 교회를 중심으로 믿음의 영적 생활을 하고 있었던 일단의 무리들이 있었다. 이는 바로 사도행전의 예루살렘교회(행 2:42 ~47, 4:32~35)이었다. 이 교회의 교인들은 재산과 소유를 팔아 사도들에게 봉헌하였다. 그 사도들은 교인들을 이웃으로 직시하고 아낌없이 바로 그 헌금을 나눠 주었다. 이러다 보니 예루살렘교회 안에는 가난한 사람이 전혀 없게 되었다.

이로써 그들은 그야말로 주님의 새 계명에 따라 사랑을 실천하였던 무리들이었던 것이다. 이에 하나님이 기뻐하시사 주위로부터 칭송을 받은 교회가 되었다. 교회는 부흥이 저절로 되는 자연 성장을 이루었다.

그와 같은 예루살렘교회에 대하여 그동안에 많은 신학자들과 목회자들은 다음과 같이 이구동성으로 극찬하였다.

현대 교회가 반드시 본 받아야 할 전형적인 교회의 모습이다. 이상적인 교회로서 순수하고 깨끗한 교회이다. 이상적인 공동체이다. 모든 기독교 공동체의 모델이다.

성령의 역사로 자연스럽게 물질의 교제를 나누었던 진정한 공동체이다. 교회 성장의 모델이다. 참된 교회의 이상이다. 이상적인 교회상이다.

우리가 꿈꾸는 이상적인 교회상이다. 모든 교회의 원형이다. 가장 정상적이고 올바른 큰 교회의 실체이다. 참 교회의 자화상이다.

이렇게 예루살렘교회는 실로 소유에서 존재로 메타노이아(회개)한 혁명적 교회이었다. 이는 그 교회가 항문애적 교회를 벗어났다는 것을 시사한다. 이에 더하여 예루살렘교회는 로마, 헬라 철학이 추구하던 이상사회와 쿰란공동체가 실현하였던 공동사회와 유사한 면이 많았다.

이렇다고 할 때에 이유 여하를 막론하고 성경적 원형 교회는 사도행전의 예루살렘교회인 것임에는 틀림이 없다. 이같은 명명백백한 사실을 분명히 깨닫고 인지하여서 〈공산당 선언〉의 마르크스 이전이라도 시대를 막론하고 개체교회에서 그 예루살렘교회의 사람들과 같이 동일하게 목회를 해왔더라면 아예 공산 사회주의는 출현하지 못하였을 것이다. 이제라도 늦지 않았다. 이에 성경적 원형 교회를 현대화시킨다고 하는 것은 중차대한 과제가 되겠다.

천민자본주의적인 행태를 그대로 닮아서 종교기술로 전도지상주의를 내세워 사람들을 헌팅한 후, 그들을 상대를 해서 무려 65가지나 되는 헌금으로 자본을 무제한 축적하고 있다. 그리고는 헌금으로 부동산 투기도 일삼고 있다. 마땅히 그런 행태는 당장 금지되어야 한다. 왜냐하면 예루살렘교회를 모본으로 삼아 이제 현대화시키는 현대의 성경적 원형 교회는 자유주의의 핵심 가치와 병행할 수 없기 때문이다.

이 핵심 가치는 시장경제와 사유재산 늘리기, 경쟁, 이윤 남기기 등이다. 이럼에도 그 핵심 가치를 그대로 수용하는 오늘날의 온갖 교회들은 시장경제를 역이용해서 라인확장이라는 마케팅기법으로 노선별로 교회 차량 운행하기와 지성전 세우기 등을 서슴없이 자행하고 있다. 이래서 그 막대한 헌금 수익으로 헌금이 남아도니 주체하지 못해서 그 돈으로 학교 세우기와 각종 수익 법인체 설립하는데 정신들이 없을 지경이다. 또 경쟁은 교인들로 하여금 양 도둑질을 하도록 부추긴다. 이어 이윤의 극대화 작업은 대교회를 형성하는 데 있어서 은밀한 동기부여로 작동하고 있다.

그와 같은 일련의 행태들을 보건대, 지금의 교회들이 세상 사람들보다 더 놀라울 만큼 더 신자유자본주의적 성향이라는 것을 확인할 수가 있다. 이런 상황에 처해 있다 보니, 도덕과 윤리는 추락되어 있는 데다 반지성적인 행위 또한 빈번히 일어나고 있는 것이다. 그래서 듣는 소리가 "개독교"이다. 이렇게 교회 때문에 기독교가 비난 받고 있는 셈이다.

5) 현대화 작업의 세 가지 원칙

이제는 교회에서 야기되고 있는 온갖 신앙병폐현상을 차단하기 위해서라도, 성경적 원형 교회를 현대화시킨다고 하는 것은 절대적으로 필요한 작업이다. 당연히 사도행전의 예루살렘교회를 성경적 원형 교회로 직시하여 만들어 내는 현대화 작업은 황금만능주의라는 우상숭배를 타파함으로 말미암아, 교회 안에 있는 모든 교인들을 하나님 나라의 백성으로서 생명책에 녹명되는데 있어서 결정적 역할을 하게 될 것이다.

이 현대화 작업에는 세 가지의 원칙이 반드시 뒤따라야만 한다. 첫 번째 원칙은 최우선적으로 교회에 주어진 본연의 4대 기능을 속히 회복하는 일이다. 이 4개 기능은 말씀 선포(설교)와 교육, 섬김, 나눔이다. 잘 알다시피 그동안에 모든 교회들은 립 서비스라는 말 재주 하나로만 하는 말씀 선포와 교육에만 집중해 왔다. 이에 반해서 섬김(디아코니아)과 나눔(코이노니아)은 거의 실종되어 왔다. 즉 교인들을 상대로 하는 말씀 선포와 교육은 그런대로 해왔으나, 교회 자체가 직접 나서서 지도체제로 교인들서로 간에 섬기게 하고 나눠주는 공동체 역할은 도외시해 왔다는 것이다.

이렇게 한 데는 확실한 이유가 있다. 립 서비스로 하는 기능들은 돈이 안들어가나, 섬기는 나눔에는 돈이 들어가기에 모아놓은 헌금을 지불하는 손해를 봐야 하겠기 때문이다. 응당 먼저 교인들을 섬기는 사랑을 실천하여 서로들 간에 나누는 공동체를 형성해야 한다. 이것이 그 4대 기능들 간의 조화, 균형을 이룸으로써 성경적 원형 교회를 만들어 내는 첫 걸음이다.

두 번째 원칙은 그 문제의 4대 기능들 간의 조화, 균형을 이루고자 할 때는 그 무엇보다도 하나님 말씀에 순종하여 십일조 용처에 따라 십일조로 사용하라는 것이다. 십일조 용처는 1) 목회자 사례비 지급 2) 복음 전파비 및 교회시설 유지비 지급 3) 구제비 지급이다. 이에 따라 지급율을 공평하게 배분한다면, 각 용처마다 약 33.3% 정도가 될 것이다. 그런데 여기에서의 문제는 구제비 지급은 대교회들 같은 경우에는 대개 체면유지용으로 1% 정도에서 그치고, 대부분의 교회들은 거의 지급하고 있지 않다는 사실이다. 이러고 보면 그동안에 모든 교회들이 대부분 십일조 용처들 중에서 구제비를 유용하고 있었던 셈이 되겠다. 이 유용은 도적질한 것이다.(말 3:8~9 참조)

이쯤에서 확인해야 할 것은 구제비를 받는 대상은 과연 실제로 누구인가 하는 점이다. 아주 중대한 대목이다. 사도행전의 예루살렘교회에서와 같이 구제비를 받아야 할 대상은 동일한 공동체교회 안에서 함께 신앙생활을 하고 있는 교인들이다. 그들이야말로 1차 이웃들이다. 그들에게 십일조 용처에 따라 구제비를 33.3% 이상 정기적으로 책임 있게 지급한다는 것은 적어도 새 계명(마 22:37~40)과 황금율(마 7:12) 만큼은 순종하는 셈이 되겠다. 이 경우의 구제비를 현대적인 관점으로 재해석하자면, 사랑을 실천하는 하나의 방편으로서의 가정복지비 및 기본소득이라고도 할 수 있다.

이어지는 세 번째 원칙은 이미 언급한 위 두 가지 원칙을 바탕으로 해서 교회의 비전(목표)을 수립하라는 것이다. 저의 1866년 한국 교회의 최초 순교자 로버트 저메인 토마스 기념예배당인 제일교회는 비전을 「동반성장하며 함께 많이 나누자」로 설정하였다. 이 비전 안에는 제일교회가 부흥하면 부흥할수록 그만큼 교인들에게 분배되는 구제비 또한 증액된다는 약속이 내장되어 있다.

이 비전이 성취될 때는 두 가지가 자연스럽게 더불어 이루어지게 되어 있다. 하나는 사도행전의 예루살렘교회의 현대화를 통해서 성경적 원형 교회가 수립된 점이다. 다른 하나는 공동체 자본주의를 선도하는 교회로서 사회의 주체세력이 된다는 점이다. 1970년대부터 불기 시작한 신자유자본주의의 가장 큰 병폐는 부익부 빈익빈이라는 양극화 현상이었다. 이 현상이 사회의 심각한 문제로 대두되자, 1990년 초부터 이제는 서로가 상생공존하는 공동체 자본주의를 창출할 때라면서 찰스 테일러와 마이클 센델 등이 주창하고 나섰다.

실제로 공동체(코이노니아)라는 어휘는-이미 주지하는 대로-성경이 말씀하고 있는 교회의 기능들 중의 하나로서 바로 그 나눔의 개념이다. 이에 교회들이 그 공동체의 기능을 제대로 발휘하기만 해도, 그토록 갈망하고 있는 공동체 자본주의를 얼마든지 창출해낼 수가 있다. 그래서 교회가 사회의 선도적인 주체세력이 될 수 있다고 한 것이었다. 이는 결단코 어불성설이 아니다. 그 이유는 사도행전의 예루살렘교회가 그렇게 하였기 때문이다. 이리하여 그 결과, 하나님이 기뻐하시사 주위로부터도 칭송을 받아 전도는 저절로 되었던 것이다.(행 2:47)

6) 네티즌들의 칭송 일색

이로써 저의 제일교회는 설정해놓은 비전에 따라 구제비를 매 주일에 참예하는 모든 교인들에게 십일조 용처에 따라 나눠 주었다. 이후 하루 아침에 소문이 나면서 네티즌들의 반응은 아주 뜨거워 칭송 일색이었다.

그들의 칭송은 다음과 같았다.

> 배당금 교회를 지지한다. 민 목사는 교회의 부를 분배하여 물질부터 개혁을 시작해서 인격적 책임이 있는 물질로 사랑을 실천한다는 것이다. 만약 배당금 교회가 한국 개신교회에서 큰 성공을 거두어 대형교회의 샤마니즘적 기복신앙에 경종을 울려 자본이 축적된 대형교회의 기반에 금이 가기라도 시작한다면, 이야말로 한국 개신교 개혁의 신호탄이 될 수 있다고 생각한다. 민 목사는 일단 기분 좋은 시작을 한 것이다. 앞으로 좀 더 다듬어 원하는 바를 이루길 빈다(@eseung-log).
> 아주 나쁘지만은 않네요. 주변에 가난한 성도들이 많으니 말

이다(Victory). 헌금을 다 먹는 대형교회 쓰레기 목사들보다 나눠갖자는 이 교회의 난리가 차라리 낫네요(bylxxxx). 모든 교회가 이랬으면 좋겠다(포이멘). 민 목사님의 취지를 알 수 있는 기사가 도움이 되었습니다(Gyeyeon). 돈을 뺏아가는 것이 이단인데, 돈을 나눠준다니 이단일 리 없다. 돈을 쌓아두고 아들 사위에게 대물림하는 교회보다 더 바람직하다.

한번 가 보고 싶다(두더지Ⅱ).나눠주지 않는 교회에 비해 용기 있고 참신한 것 같습니다. 부익부 빈익빈이 해소되는 효과가 있는 것도 사실인 것 같습니다. 언론의 비난 기사로 막연하게 미친 교회라 생각했는데.... 좋은 면이 더 많습니다(LSK).

교회가 공동체 구성원들에게 배당금 주는 일은 좋은 일이다. 참 신선한 것으로 부정적으로만 볼 일이 아니다. 지체들 간의 나눔 차원이라면 대환영한다(토마스). 교회재정이 좋아지면 부동산 투자하고, 학교 만들어 이사하려고 목메는 목회자들 보다는 참 신선하다. 공동체 지체들을 사랑해서 나온 순수한 나눔이라면 칭찬해주고 싶다(힐돌이).

우리나라 기독교 종교개혁의 새로운 시작이 전국적으로, 세계적으로 확산되어 이루어지기를 간절히 소원합니다(문자 메시지 : 010-88××-119×). 가정경제 살리는 새로운 교회가 탄생했다(위키트리).이제 배당금을 주는 교회가 등장했으니 앞으로 어떻게 될지 시험대에 오른 교회가 되었다. 기대가 된다(경인일보).

상기와 같이 매주일마다 예배에 참여한 교인들에게 헌금을 나눠주는 사랑의 실천은 지금도 여전히 하고 있다.

7) 그리스도인의 재물관과 생명책

성경에서 제일 많이 말씀하고 있는 것은 재물(돈)과 상관되어 있는 것으로 물질과 탐욕, 소유에 관한 것이다. 무려 2,630여 개의 구절이나 된다. 예수님의 비유 38가지 중에서 16가지가 재물에 대해 다루고 있다. 신약성경에 와서는 천국과 지옥을 합한 것보다 더 많이 재물에 대해서 말씀하고 있다. 오히려 믿음과 기도, 은혜, 축복 등은 500여 개의 구절에 지나지 않는다.

하나님이 그렇게 제일 많이 말씀하고 있다는 것은 그 정도로 그리스도인들에게는 재물관이 중요한 것으로 작용할 것이라는 바를 알고 계시기 때문이다. 더 나아가 그토록 많이 말씀하셨던 하나님의 결정적인 의도는 생명책에 등재되어야 할 하나님 나라의 백성으로 하여금 황금만능주의라는 우상숭배에 빠지지 않게 하려는 사랑에 있다.

종교개혁자 루터는 그리스도인들에게 믿음생활을 제대로 하고자 할 때는 먼저 돈지갑부터 회심하라고 강변하였다. 포괄적인 맥락에서 지갑부터 회심하라는 의미에는 두 가지가 내장되어 있다. 하나는 교회는 교회대로 목회자의 양심에 따라 십일조 용처에 순종하여 교인들에게 탐욕없이 정당하게 분배하라는 것이다. 이런데도 분배하지 않는 목회자는 교회 자체를 종교시장 바닥으로 간주하고 매주일마다 헌금 장사하는 삵꾼이다. 다른 하나는 교인들은 십일조 생활하라는 말씀(말 3:7~12)에 절대 순종하여 이유없이 정직하게 십일조를 드리라는 것이다.

한국 교회는 한국인의 교회이다. 한국인이 교회를 통해 신앙
생활을 할 때는 한국인의 정서라는 입맛에 맞게 신앙생활을 하
게 되어 있다는 말이다. 한국인의 정서는 경험적 현세주의이다.
그동안에 유입된 외래종교들의 영향을 받아 자연스럽게 감각의
즐거움을 추구하는 도교적 인생주의, 좌절할 필요가 없다는 공
수래 공수거의 불교적 허무주의, 좋음을 좇는 유교적 실용주의
가 그 한국인의 정서에 더하여졌다. 이렇게 한국인의 정서에는
복합적인 가치체계를 갖고 있기에, 주어진 상황의 필요에 따라
그때그때마다 적당히 꺼내 쓸 수 있는 용이주도함 같은 것이 있
다. 이러함에도 한국인에게는 그 누구를 막론하고 분명하게 드
러나는 공통점이 있다.

이 공통점은 한국인의 기층종교로 자리를 잡고 있는 샤마니
즘의 영향을 받아 기복적인 측면이 한국인에게는 강렬하다는
것이 그것이다. 그래서 모든 외래종교들을 기복종교로 변질시
키고 말았음이다. 여기에는 기독교라고 해서 예외가 되지 않는다.
즉 한국 교회 역시 기복신앙으로 점철되어 있다는 말이다. 이
샤마니즘적인 기복신앙은 지극히 현세적인 생존 생계형이 강하다.

그런 이유로 하여 세계에서 돈을 제일 좋아하는 국가로서는
한국이 중국과 함께 공동 1위로 올라와 있다.(2009년 로이타통신,
입소스 공동여론조사) 이런 사실은 알게 모르게 한국인들은 그만
큼 황금만능주의에 만연되어 있다는 것을 시사한다. 이런 맥락

에서는 한국 교회의 교인들이라고 해서 별반 다르지 않다.

저의 수십년 동안 목회를 해본 결과, 경험상 여실히 알게 된 것이 있다. 출석 교인 수와 관계없이 이태리 경제학자 파레토의 80대 20 법칙이 그대로 적용되었다. 교인 수 80%는 십일조 생활을 하지 않는다는 것이다. 이 80%는 교회 생활을 함에 있어서 십일조 생활을 하고 있는 20%에게 물질적으로 빚을 지고 있는 셈이 된다. 이에 그 80%는 교회 문턱만 더럽히는 사람들로서 헌금생활도 편의주의적으로 하는둥 마는둥 한다. 이런 사람들은 인간 자체가 인색한 것이다.(고후 9:5~7) 더 나아가 80% 사람들은 전혀 구원의 확신마저 없는 자들로서 오르지 황금만능주의적 우상숭배에 몰두해 있는 유사 그리스도인들이다.

그 80% 사람들은 그 누가 뭐라해도 생명책의 등재와는 전혀 상관 없는 염소이자 쭉정이들이다. 그런데 간과할 수 없는 사실은 믿음이 나름대로 들어가서 십일조를 내는 경우도 있지만, 그런 믿음과는 상관없이 초신자라 할지라도 일반 상식만 갖고 있어도 십일조 생활을 한다는 것이다. 다시 강조하건대 진정 구원의 확신이 있는 온전한 그리스도인들은 반드시 십일조 생활을 하게 되어 있다.

그런데 그 80% 유사 그리스도인들에게서 찾아볼 수 있는 공통점이 하나 있다. 그들의 황금만능주의 심리가 겉 모양새를 중시하는 외형주의와 타인의 눈을 의도적으로 의식하는 체면유지주의, 뭔가 이익을 챙기고자 하는 직업적 또는 상업적인 실리주의 등이 병합을 이루어 대교회로 우르르 몰려가게 만든다는 것이 그것이다. 이런 그들이야말로 힘이 있는 쪽으로 먹이 따라 무리지어 날라다니는 철새 교인들이자, 냄새나는 시장바닥에 몰려가는 까마귀떼 교인들에 해당된다고 하겠다. 시장바닥에는 원래 생명과 진리가 없다. 이에 세계에서 교파를 통털어 제일 큰 교회도 한국에 있으며, 각 교파마다 세계에서 제일 큰 교회 역시 한국에 다 모여 있다. 그럼에도 아무런 영향력이 없다. 도리어 "개독교"라고까지 모욕을 받고 있으니 하는 말이다.

이런 가운데 성경적 원형 교회를 만들어냄에 있어서 가장 시급한 우선적인 과제는 개체교회의 목회자들부터 십일조 용처에 따라 교인들에게 참된 예배의 한 방편으로 구제비를 아낌없이 지급하여 사랑을 실천하는 일이다.

> 참된 예배는 두 가지의 함축적인 의미를 담고 있다. 하나는 하나님을 사랑하는 예배로서의 수직성이다.(프로스퀴네오) 다른 하나는 이웃(교인)을 사랑하는 예배로서의 수평성이다.(레이투르기아) 이로써 참된 예배는 십자가적인 예배인 것이다. 이럼에도 바로 그 수평성이 없는 예배를 우리는 열심히들 드리고 있다. 이런 예배는 가인의 예배와 같은 것으로 하나님이 열납치 않으신다. 이 때문에 1945년부터 서구 유럽에 이어 미국·한국 교회들이 지금도 문을 닫고 있는 것이다.

그와 같은 참된 예배까지도 유사예배로 변질시켜버린 그 황금만능주의가 팽배해 있는 이 신자유자본주의 시대에, 이제라도 늦지 않았으니 교회는 응당 개혁에 개혁을 끊임없이 시도해야만 한다. 교회의 소유(헌금) 개혁 없이 종교개혁이란 있을 수 없다. 실로 종교개혁이 되기라도 한다면, 온 교인들은 100% 저절로 십일조 생활을 하게 되어 있다. 그 이유는 종교개혁만큼은 위(교회의 목회자)에서 아래(교인들)로 내려오는 하향적인 특성을 갖고 있기 때문이다.

현금의 모든 교회와 그리스도인들은 성취된 하나님 나라(초림)와 완성될 하나님 나라(재림) 사이에서 중간기의 믿음생활을 영위하고 있다. 하나님은 하나님 나라의 왕으로서 생명책에 기록될 백성들을 에덴동산의 최초로 수립된 하나님 나라의 사랑 때부터 그 분의 대표 원리에 의해 선택해 왔다. 이 하나님의 그 선택 작업은 지금도 진행 중에 있다.

생명책에 등재되는가 안 되는가의 여부에의 선택 문제는 전적으로 황금만능주의(황금=명예욕, 권력욕)라는 우상숭배에 빠져 있는가 아닌가에 달려 있다. 이에 그 선택된 백성들은 완성될 하나님 나라(천국)에 입성하게 될 남은 자들로서 제한된 숫자 144,000 명이다.

이제 생명책에 내 이름이 올라가 있는
줄로 믿습니다. 아멘!

"교회를 쇼핑하는 이 천민
자본주의 시대에 진정, 교회
다운 교회가 있는 줄로 이제
서야 알게 되었습니다"

나는 하늘에 떠 있는 뭉게구름을
보면서 하나님께 감사와 찬송과
영광을 올렸다.

목사님이 건네준
이 책을 읽은 후부터는
구원의 확신이 더 공고해졌다.
도저히 가만이 있을 수가 없었다.
그 이유는 세상을 보는 눈은
물론 교회를 보는 눈,
믿음을 보는 눈이
놀라울 만큼 달라졌기 때문이다.

"이것들을 증언하신 이가 이르시되
내가 진실로 속히 오리라 하시거늘
아멘 주 예수여 오시옵소서."(계 22:20)

거두절미하고 지금 예수 믿는다고 나름대로 열심히 신앙생활을 하고 있는 데도 생명책에 나의 이름이 녹명되어 있지 않으면, 속된 말로 말해서 그 믿음은 "말짱 황(꽝)"이다. 군대 말로 말하면 "도로묵"이다. 왜냐하면 최종 구원 받을 남은 자로 144,000명에 내 이름이 들어가 있지 않기 때문이다. 그저 섞인 무리에 속했을 뿐이다.(민 11:4~6, 느 13:3)

그 결과는 지옥에 갈 일밖에 없다. 다시 말해서 지옥에 가는 믿음은 믿으나 마나한 것이다. 시간 낭비하고 있는 셈이다. 즉 허울좋게 겉치레로 명목상 예수 믿는 답시고 교회다닌들 하나님 말씀대로 살지 않으면, 그런 따위의 믿음은 무용지물이라는 말이다. 그런데 우리 주위에는 명목상으로 예수 믿고 있는 데도 의외로 잘 되는 사람들이 있긴 있다. 이에 더하여 주 예수님을 믿지 않는 비신자들 가운데서도 신앙과는 전혀 관계없이 만사형통의 복을 받으면서 그야말로 잘 사는 사람들이 그 또한 많다.

이에 생명책에 등재되어 있지 않는 데도 불구하고, 잘 먹고 잘 사는 유사 신자들과 비신자들이 있을 시에 그것은 모든 사람들에게 공히 부어주시는 일반(보통) 은총 때문에 그렇게 된 것이다. 착각하지 말아야 한다. 온전한 그리스도인은 그와 같은 일반 은총과 함께 주 예수 그리스도를 믿음으로 말미암아 생명책에 이름이 기록될 정도로 특별 은총을 받은 남은 자이다.

설령 구원의 확신이 있어 성숙, 온전한 그리스도인이 아니면서도 일반 은총을 받아서 모든 일에 만사형통의 복을 받았다 할

지라도, 그들의 최종 지점은 지옥이다. 이를테면 지옥에 갈 수밖에 없는 믿음아닌 믿음이 있다는 말이다. 이런 의미에서 교회 선택은 아주 중차대한 관건이 된다. 교회에서 제일 쉬운 것은 설교하는 일이다. 이유는 아는 것은 설교하고 모르는 것은 안하면 되기 때문이다. 온갖 말재주를 동원해서 제스처로 기분좋게 하는 성경 풀이에 현혹되어서는 안된다.

반면에 교회에서 불가능하다 할 만큼 제일 어려운 일은 십일조 용처에 따라 구제비를 교인들에게 지급하는 일이다. 이는 교회가 크면 클수록 더욱 어렵다. 따라서 교회 안에 사람들이 들어차 있는 경우에 그 교회는 어쩔 수 없이 종교시장 바닥일 확률이 높다. 왜냐하면 원래 시장 바닥은 상업적인 면이 있는 속된 장소인 고로, 실리와 손해를 따져 주판알을 튕기는 세속화의 놀이터이기 때문이다.

이런 일련의 정황 가운데서의 문제는 여전히 나에게 달려 있다. 하나님이 모든 인간들에게 뭔가를 선택할 수 있는 자유의지를 주셨기에 그렇다. 당연히 거기에는 책임이 뒤따른다. 즉 천국에 가는가 아니면 지옥에 가는가에 대한 책임은 전적으로 나의 의지에 달려 있다는 것이다.

생명책에 등재되어 있는 온전한 그리스도인들은 하나님의 특별 은총을 받은 사람들로서, 천국인 완성될 하나님 나라의 사랑에 참여한 남은 자들이다. 또한 그들은 144,000명들 중의 한 사람으로 영원한 생명의 도에 들어 서 있는 새 하늘과 새 땅의 신부들이다. 이렇게 보통 은총을 넘어서서 특별 은총을 받은 144,000명의 남은 자들은 인침받은 자들(계 7:4)로서 믿음 생활의 태도가 달라 특별한 대우를 받게 되어 있다.

동시에 그 신부들은 생명나무에 접목되어 있어 생명수를 마시고 있을 뿐만 아니라 생명싸개로 하나님의 도우심을 받는다. 이와 더불어 공중재림 시에 신랑을 맞이할 그 신부들은 진정 새로운 피조물로서 이미 새 영을 받아 성령 충만한 자들이었다. 이에 그들은 새 생명으로 새 노래를 부르면서 이 땅에서의 삶을 승리자로 당당하게 살아가는 새 이름을 가진 자들이다.

이렇게 해서 생명책에 녹명이 되어 있는 그 새 이름은 영원히 말소되지 않아 하나님의 영원한 보호와 인도함을 받는다. (계 20:15, 21:27)

2024년 4월

저자 민병소 목사의 저서 목록

1. 영어권 저서

God-centered Theology and Missio Dei to Destory the Works of the Evil: A Religiological Approach, Religious Phenomenon Institute, 1989.

2. 역서

C.W. Brister, *The Promise of Counseling*, Harper & Row, Publishers, 1978, 성광문화사, 1981.

E.M. Rosser, *Korea's First Christian Martyr and the Two Visits of the Rew. R. J. Thomas to Korea*, The Terrace Torquay Devon TOIIDP, 1982, 세계종교현상연구소, 1985.

3. 소설

「일본이 사라졌습니다」, 도서출판 기빙백, 2014.

「통일이 되었습니다」, 도서출판 기빙백, 2014.

4. 저서

「기독교 종파운동사」, 성광문화사, 1981.

「순복음 대명사 조용기 목사」, 도서출판 들소리, 1982.

「감리교 지금 어디로 가는가」, 세계종교현상연구소, 1983.

「한국적 신학 형성을 위한 회중신학」(제1권 입문론), 세계종교현
  상연구소, 1984.

「한국 목사심리론」, 세계종교현상연구소, 1985.

「예언자 14인 신상명세서」, 세계종교현상연구소, 1986.

「성경의 여성 17인 생활기록부」, 도서출판 회중서당, 1986.

「종교학 총론」, 세계종교현상연구소, 1988.

「목회서신 강해」, 세계종교현상연구소, 1988.

「성서회중론」, 세계종교현상연구소, 1988.

「성서의 사건과 배경」, 세계종교현상연구소, 1988.

「사중복음의 역사적 넌센스」, 세계종교현상연구소, 1988.

「너는 누구관대 이웃을 판단하느냐」, 세계종교현상연구소, 1988.

「킹스킹덤 성경통전원리 50」, 성광문화사, 1991.

「주일성수의 안식과 축복」, 도서출판 회중서당, 1992.

「성경통달 문답식 비법 50」, 성광문화사, 1992.

「하나님 말씀의 수학과 한자」, 도서출판 회중서당, 1993.

「신앙현상과 전체복음 25」, 도서출판 회중서당, 1993.

「신학통전 핵심적 주제 25」, 도서출판 회중서당, 1993.

「킹스킹덤 커리규럼 – MET(100)」, 도서출판 회중서당, 1993.

「한국종교사에 나타난 관용적 포용주의에 대한 연구」, 서울대학교 대학원, 2000.

「한국 감리교회의 재발견」, 도서출판 기빙백, 2003.

「한국종교사」(상 · 중 · 하), 도서출판 왕중왕, 2006.

「나는 꿀벌이다」, 도서출판 기빙백, 2007.

「교회세습의 바벨론 포로」(한국교회의 혁신론), 도서출판 왕중왕, 2008.

「빅터 시크릿」, 도서출판 왕중왕, 2011.

「바알토피안」(Baaltopian), 도서출판 기빙백, 2012.

「하늘 신부 웨딩드레스」(성서적 종말론), 도서출판 기빙백, 2013.

「사랑을 총정리한 백과전서: 사랑의 네 계절」, 도서출판 기빙백, 2014.

5. 미간행된 저서

「한국교회의 희망: 구도신학」, 「성령의 에너지로 넘어지는 현상」, 「성령의 능력」, 「레지스탕스」, 「삼통축복」, 「성령 충만할 때 회복되는 현상들」, 「다음과 같이 구원의 확신을 가지라」, 「삼통축복을 받는 지름길」, 「용서 받았으니 용서하라」, 「승리의 삶」, 「예수 그리스도를 당당하게 시인하라」, 「하나님 아버지의 이름들」,

「시험을 이기는 자의 복」,「남은 자의 믿음」,「성화의 삶」,「예언의 은사를 사모하라」,「고통에서 진주를 만들라」,「구령하라」,「삼합 일체 인간」,「제발 지옥에는 가지 말라」,「하나님을 경외하라」, 「세 가지의 하늘들」,「양자로 입양되었다」,「율법과 은혜」,「성령 의 능력」,「성령 충만한 행동」,「성령의 여러 명칭들」,「나실인」, 「진솔하게 회개하라」,「하나님의 존재」,「예수 믿을 때 일어나는 일들」,「중생의 비밀」,「전심전력하는 기도」.

모집공고
생명책 등재여부 확인 과정

　　세계에서 불교의 원판은 인도에 있는 것이 아니라 한국의 송광사에 있다. 또 유교의 원판은 중국에 있는 것이 아니라 한국의 성균관대학교에 있다. 그런데 아직까지 세계 그 어디에도 기독교의 원판(사도행전의 예루살렘 교회의 현실화)은 없다.

　　이에 제일교회가 세계 최초로 기독교의 원판을 만들어 내고자 한다. 이 기독교의 원판은 교인들의 이름을 생명책에 올리는 데 있다. 이러기 위해서는 일정한 확인 과정이 필요하다.

　　------。이에 따라 "생명책 등재여부 확인 과정"을 모집한다. 확인을 하고자 하는 분들은 매주일마다 오전 11시 예배 및 금요성령기도회(오후 8시)에 참예하시면 된다. 설교 듣는 것이 확인을 하는 것이다.

　。금요 성령기도회(오후 8시) : 신유 · 예언 · 축사
　　　↳ 인도 : 신성희 목사(총신대학교 신대원 졸)

경기도 안양시 동안구 경수대로 570번길 67(덕현초등학교 후문)
　　　　　기독교한국회중회 제일교회
　　　　　상담 문의 : 010~9852~1919

□ 교통안내 : 지하철 4호선 범계역 하차 4번, 4~1번 출구로 나와
　　　　　　마을버스 6번 승차 후 덕현초등학교에서 하차(총 5분 소요).
　　　　　　* 주차는 교회 주위에 얼마든지 가능함.

1866년 한국 교회의 장자교회

기독교한국회중회 제일교회

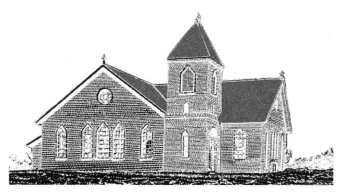

평양의 대동강변에 세워져 있던 R.J.토마스 목사의 순교 기념예배당 전경(T 자형)

1866년 토마스의 순교의 피를 씨앗으로 1885년 장로교의 언더우드와 감리교의 아펜젤라에 의해 한국 선교가 시작되었다. 이어 장로교의 마포삼열이 토마스의 순교를 기리는 기념예배당을 전국 교회의 모금운동을 통해서 1932년 평양 대동강 쑥섬에 건축, 봉헌하였다. 그런데 그 예배당은 6.25 전쟁으로 인해서 소실되고 말았다.

해방이 되면서 한국 교회는 토마스의 순교사를 잊어 버렸다.

순교자 토마스기념 예배당은커녕 양화진 선교사묘에 묘비 하나 없다. 그 이유는 간단하다. 토마스가 장로교파와 감리교파가 아닌 회중교파(Congregationalism)이었기 때문이다.

이에 즈음해서 회중교회(1620년 미국을 개척한 분리파 청교도)를 받아들여 그 역사적인 토마스 순교 기념예배당을 서울(혹은 수도권)에 다시 그대로 복원하고자 한다.

이리하여 이제라도 마포삼열의 신앙의리 정신을 이어받아 전국 그리스도인들의 정성어린 복원 헌금을 모금하려고 한다. 기도 중에 뜻 있는 분들의 동참을 학수고대한다. 이 모금에 동참한 분들의 이름은 동판을 만들어 복원된 토마스 순교기념예배당 현관(입구)에 부착해서 영원히 기념토록 할 것이다.

후원계좌 : 농협 301-0304-0556-01
　　　　　　(예금주, 토마스순교기념선교회)
　　　　　　연말정산(기부금) 발행
　　　　　상담 문의(문자) : 010-9852-1919(대표회장)
　　　　　(사) 토마스 순교기념선교회
　　　　　　　대표회장 민 병 소 목사(H.신학박사)

MEMO